Focus 02

適應

是生存的唯一道路

石向前◎編著

原書名：物種起源現代版—適者生存

前　言

你就是弱者，你相信嗎？你最好相信，但不要因此而悲觀。

這個世界上的絕大多數人都是相對的弱者，幾乎沒有幾個人敢說自己是絕對的強者，因為在比你更強的人面前，你還是弱者。更為重要的是，即使你是強者，漫長的一生中也會遭遇到自己的弱勢領域和弱勢時期，在這樣的時空段落裡，你還是強者嗎？

那麼，當今社會中的眾多弱者該怎樣生存呢？我們觀察一下蜥蜴的生存之道就可以解答這個問題。你看，蜥蜴多麼弱小，幾乎比牠大的動物都是牠的天敵，然而，牠卻在我們這個星球上生活了兩億多年，而最強的恐龍早已絕種了，比人類的兩百多萬年生存史還要長100倍！牠怎樣做到的？

我們來看一個科學寓言。森林裡，住著三隻蜥蜴。其中一隻看到自己的身體和周圍的環境大不相同，便對另外兩隻蜥蜴說：「我們住在這裡實在太不安全了，要想辦法改變環境才可以。」說完，這隻蜥蜴便開始大興土木，但最後牠發現自己能改變的範圍和程度太有限了，牠幾乎不敢走出那小小的藏身之所，甚至連個噴嚏都不敢打。

另一隻蜥蜴看了說：「這樣太麻煩了，環境有時不是我們能改變的，不如我們另外找一個地方生活。」說完，牠便拾起包袱走

了，可是最終牠發現哪兒跟牠出發的那個地方差不多。一個陽光明媚的中午，牠的包袱被一隻動物吞進了腹中，而牠跟包袱在一起。

第三隻蜥蜴也看了看四周，問道：「為什麼一定要改變環境來適應我們，為什麼不改變自己來適應環境呢？」說完，牠便藉著陽光和陰影，慢慢改變自己的膚色。不久，牠就在樹幹上漸漸隱沒了。從此，這隻能夠隨著環境變色的蜥蜴逃過了一次又一次的生命劫難，牠的族類也世世代代繁衍生息下來，在森林裡經營著自己的「億年老店」。

這個社會的所有弱者都處於激烈的生存競爭中，不同的弱者有不同應對環境的方法，有的希望改變環境，有的選擇逃離環境，也有主動改變自己去適應環境的。透過比較我們可以看出，最具智慧的生存之道是後者。「全球第一 CEO」傑克‧威爾許說：「這個世界是屬於弱者的，因為弱者最懂得主動適應。」

在經濟學上有一種「蜥蜴」哲學。在多變的經濟環境中，小企業與大企業相較顯然是弱者，可是為什麼小企業的贏利點常常比大企業高？原因就在於小企業更具有主動適應性，它可以隨時調整自己的產業結構。經濟學家稱之為小企業的蜥蜴化生存之道。

這種蜥蜴生存智慧對於我們的人生也是非常需要的。生活中的不少強者總是千方百計維護自己的強者形象，從不肯以弱者的姿態出現，結果常常會發展成為不敢面對和適應現實的人。有位很風光的企業主，他的企業一直是眾所周知的明星企業。有一年快到年終的時候，他卻突然自殺了。這真是一件令人費解的事，而調查結果更出人意料，各家企業每到年終都要給員工發年終獎金，歷年來他企業的年終獎金都是最高的，但那一年因為財務管理上出現了問題，公司拿不出一分錢，在強大的心理壓力下，他愚蠢地選擇了自殺。

　　這個世界的生存法則是適者生存，而非強者生存！強弱成敗可以隨時轉化，主動適應卻是永恆主題。因此我們要說：智者不做弱者，也不做強者，只做適者。本書傳導給你的，就是必須貫穿你一生各個時期和各個領域的適者智慧。

目　錄

心理學家皮亞傑認為：「生存智慧的本質就是適應。」也可以說適應是一種智慧和能力。他認為，在現實生活中一些很有才華的人，換了一個環境後鬱鬱寡歡，或被環境同化，致使自己淪為平庸之輩。所以，「適者生存」仍然是一個不可抗拒的生存法則。如果一個人與新環境格格不入，就會產生諸多心理矛盾，對學習效率和生活品質都會產生不良影響。

適者提煉的成功訣竅

科學家在沙灘邊觀察螞蟻時發現：為了適應地形，沙灘螞蟻的巢穴相當複雜。經過研究和觀察，他發現儘管是同一種螞蟻，如果牠的巢穴在乾燥的地方，巢穴的結構就比較簡單。這是為什麼呢？這是因為螞蟻對周圍的環境有一種本能的反應能力。為了在不同的環境中生存，螞蟻必須發展不同的能力。這種適應能力使得螞蟻在惡劣的環境中得以生存。

第三章　　　　　　　　　　　　　　　73

不適者提供的敗因困果

適應問題在現代社會裡變得更為嚴峻和突出，更難以順利完成。因為改變了的生活條件向當代人提出了新的適應挑戰，可是社會文化中還沒來得及發展出支持個體適應的新體制。就如同幾乎所有美國登月太空人回到地球後，都無法應付突如其來的名聲和登月事件造成的超感官心理影響，他們有的精神崩潰，有的成了酒鬼，有的沉浸在沮喪中……他們其中的大多數人都和妻子離了婚。

第四章　　　　　　　　　　113

適者應有的境界

一些有才華、有特長、有獨立探索精神的人，如果適應不了「人際場地」，他們的才華和特長也就隨之埋沒在這種場地之中了。另外，在中國還有一個特殊「場地」名叫官場。翻開中國的官場史，凡不適應這種「場地」的，輕者遭革職被貶謫，重者遭牢獄被殺頭，甚至株連九族；適應「場地」的，則步步高升，榮華富貴，直到雞犬升天。

第五章　　　　　　　　　　　　　　　147

學自然之適者，做社會之智者

猞猁是以野兔為捕食對象的，猞猁為了能捕抓野兔，便具有了敏銳的視力，機動靈活的體型，強而有力的犬齒和彎曲銳利的爪；而野兔為了躲避猞猁的追捕，則具有了靈敏的聽覺和善於奔跑的四肢。

這就是大自然的智慧，與大自然的智慧和奧秘相比，人類今天的理智只不過是無邊黑暗中的一小群螢火蟲而已。

第六章　　　　　　　　　　　　　　　　　　　　　179

職場適者的章法──「蒲公英」攻略

職場如戰場，在競爭激烈的職場上，每個人都必須學會在高淘汰率、高壓力的環境下生存.也只有經受了逆境考驗並生存下來的人，才能最終傲立職場。這就好像是蒲公英，蒲公英能在任何環境中生存，職場中人要學會做「蒲公英」。如果今天的你，被一陣風吹到了並不肥沃的土壤上，你必須面對惡劣的生存環境，你能成為職場「蒲公英」，最終紮根發芽嗎？

第七章 225

既做心靈適者，亦做感官適者

評書中形容「大將軍」的力量大，經常用擁有「抱牛之力」來形容。那麼，「抱牛之力」是如何練出來的？據說，是從小練起的。怎麼練？人從小開始練習抱小牛，隨著人成長，牛也成長；人不斷堅持抱牛，牛長大了，人的力量也隨之增長了。在這裡，牛的重量就是運動刺激，隨著適宜的運動刺激而增長運動素質的現象就是人體的適應性規律。

第八章　　　　　　　　　　　　　257

貫穿一生──從適應活，到適應死

當我們剛成為一個受精卵時，我們要適應母體的環境；當我們出生後，要學習最基本的語言和人類的行為；當我們上學後，我們要適應集體生活，學習社會規範；當我們成年後，我們要面臨職業選擇、人際關係、工作成就等無數問題；當我們老了，又面臨著子女問題、退休問題和死亡問題，適應環境是一個持續一生的過程，需要我們「活到老，學到老」，這是我們生存的需要。

第一章
生存智慧的本質是適應

心理學家皮亞傑認為：「智慧的本質就是適應。」也可以說適應是一種智慧和能力。他認為，在現實生活中一些很有才華的人，換了一個環境後鬱鬱寡歡，或被環境同化，致使自己淪為平庸之輩。所以，「適者生存」仍然是一個不可抗拒的生存法則。如果一個人與新環境格格不入，就會產生諸多心理矛盾，對學習效率和生活品質都會產生不良影響。

One 回教先知穆罕默德：

「山不過來，我們就過去吧！」

　　回教的先知穆罕默德，帶著他的四十個門徒在山谷裡講道，他說：「信心是成就任何事物的關鍵。」也就是說，人有信心，便沒有不能成功的計畫。

　　一位門徒對他說：「你有信心，你能讓那座山過來，讓我們站在山頂嗎？」

　　穆罕默德對他的門徒滿懷信心地把頭一點，對山大喊一聲：「山，你過來！」

　　山谷裡響起了他的回音，回音終於消失，山谷又歸寧靜。

　　大家都聚精會神地望著那座山，穆罕默德說：「山不過來，我們就過去吧！」

　　於是他們開始爬山，經過一番努力，到了山頂，他們因信心促使希望實現而歡呼。

　　從這個故事中，我們可以發現：當我們不能改變環境的時候，我們就學習適應環境；當我們改變別人有困難的時候，我們就改變自己。山不過來，我們過去，會有同樣的結果。

Two 心理學家皮亞傑：
「智慧的本質就是適應。」

　　心理學家皮亞傑認爲：「智慧的本質就是適應。」也可以說適應是一種智慧和能力。他認爲，在現實生活中一些很有才華的人，換了一個環境後鬱鬱寡歡，或被環境同化，致使自己淪爲平庸之輩。所以，「適者生存」仍然是一個不可抗拒的生存法則。如果一個人與新環境格格不入，就會產生諸多心理衝突，對學習效率和生活品質都會產生不良影響。

　　人對環境的基本態度有三種，一是積極適應，二是消極適應，三是不適應。這三種態度，實際上就是對適應智慧的理解。所謂積極適應是在順應、瞭解的基礎上去選擇、抗爭、追求，這才是生活的眞諦。如果一個人長期在一個環境中生活，只有順應，沒有選擇、抗爭和追求，而且對一切都心滿意足，形成「知足常樂」的不求上進的滿足感，這就是一種消極的適應。還有極少數人不能適應，這種人害怕變革、抑制變化，他們將被社會淘汰。

　　想要做到適應新環境，必須以積極的心態去瞭解新環境，瞭解自己在新環境中能夠得到什麼，怎樣得到，把焦點拉回到現實生活中來，盡快找到生活矛盾的平衡點。

不會做人、知行脫節的表現：不懂禮節和規範，見面不知道如何打招呼、寒暄；性格幼稚，為人處事與其年齡不符。與人相處的時候不知道什麼話該說、什麼話不該說，什麼事該做、什麼事不該做，對任何事沒有自己的主意和態度，更談不上理智；知行脫節，明知故犯，不能控制好自己的不良行為。

　　「適應環境」早在1946年就被國際心理衛生組織列為心理健康的標準之一。心理健康是一個相對的概念，所以只有相對而無絕對。有心理疾病的人是極少數的，大部分的人處於心理健康與不健康之間，即心理的亞健康或者亞不健康狀態。心理健康的標準：智力正常，無妄想、幻覺、無人際關係不良等；自我意識良好；適應良好；熱愛生活等。

Three 進化論鼻祖達爾文：
「適應是永不休止的自然變奏曲。」

英國博物學家，進化論的奠基人達爾文曾說過：「縱使生物在過去任何一個時期能夠完全適應牠們的生活條件，但當條件改變的時候，除非牠們自己跟著改變，否則就不能再完全適應了。」由此可見，生物的適應不是永久性的，牠只是生物體與環境間暫時的統一，正如達爾文所說：「適應是永不休止的自然變奏曲。」

這是千真萬確的，從生物史方面可找出很多例證來。如，在古生代泥盆紀時期，地球上的氣候潮濕溫暖，羊齒植物空前繁盛，致使大量的植物殘體生成，並導致某些水域敗壞，氧氣缺乏，由於環境的惡變，用鰓呼吸的古代硬骨魚類因而死亡。再如，在中生代時期，爬行動物遍及地球的每個角落，人們把中生代稱為「爬行動物時代」，這說明了這些動物對當時的環境是非常適應的。但到了中生代末期，地球出現了強烈的造山運動，致使氣候、環境發生了巨大的變化，大量的爬行動物像重達幾噸、幾十噸的恐龍承受不了這種環境突變的打擊，趨於滅亡，終結了盛極一時的「黃金時代」。

在自然界中，沒有一種保護性適應能對任何天敵都具有作

用。比如，在哺乳動物中，老鼠在現今世界上可謂是個「大家族」，牠們體色如土，聽覺靈敏，奔跑如飛，有時能躲過貓的襲擊，迅速鑽進洞內。但蛇卻可根據其頭部的熱定位器，準確地找到鼠洞，登門食之。這樣，老鼠雖然僥倖躲過了貓，但卻喪身於蛇口；生活在林海雪源的野白兔，雖然其毛色與雪色一樣，有時能騙過狼的眼睛，但雄鷹卻能在空中從相對運動著的景物中發現牠；渾身長滿硬刺的刺蝟，一旦遭故，整個身體就形成刺球，把頭等部位保護起來，一般的敵人在地面前常常束手無策，而狐卻能灑其尿液，把刺蝟「熏」得舒展開「刺球」，這時狐就咬住其腹部，繼而將其食掉。

生長在美洲的三葉草，其傳授花粉的媒介是當地的一種土蜂。土蜂數量多，三葉草就繁茂。若沒有土蜂，三葉草就不能傳宗接代。以雲杉種子為主食的松鼠數量，每隔4年有一個顯著提高，隨後的一年就明顯降低，這是由於雲杉種子每隔4年有一次豐收，隨後就是歉收年，而種子豐收年份內松鼠的生殖力及存活率均大為提高，導致次年種群數量高峰出現，但松鼠數量的增多必然導致對生存條件（尤其是食物）的劇烈競爭以及疾病爆發可能性的增長，而這一年卻是雲杉種子歉收年份，因而造成松鼠數量銳減。因此說，生物的適應範圍越狹窄，受自然環境限制的程度則越大。

有些生物的形態結構，完全取決於環境的差異。如生活在海中的後螠，其幼體產生後，若落在雌體的唇上則發育成一個雄體，

若落在海水中就發育成雌體，可見後螠性別的形成對不同環境的依賴性。再如生活在水中的水毛茛，其在水中葉呈絲狀，暴露在空氣中的葉呈片狀，在這裡葉子的形狀取決於環境的差異性。

在有些情況下，生物的某種器官發生變態，能適應某種特殊的環境，只能靠其他器官來補償其變化器官的原來功能，但也不能完全達到原有器官的功能水準。如仙人掌的葉退化成刺，減少了蒸發面積，並在肉質莖中貯存大量的水，以適應乾旱的環境。它雖有含大量葉綠體的莖來行使光合作用的功能，但其光合作用的強度相對闊葉植物已明顯減弱。生長在巴西的紡錘樹為了適應乾旱的環境，其樹冠變得非常小，並由莖部膨大來貯藏水分，這同樣也存在著光合作用強度減弱的弊病。

總之，生物對環境的適應是自然界中的普遍現象。但環境又是在不斷變化著的，隨著環境的變化，對舊環境的適應者可能不適應新環境，則被淘汰，而新的適應者則取而代之，進而使生物與環境間又達到一個新的暫時的相對的統一。這種漫長的、反覆的過程，就成為生物不斷進化發展的必然規律。

Four 世界首富比爾·蓋茲：
「要主動適應對方。」

世界首富比爾·蓋茲說：「在人際關係上經常出問題的人當中，多數人都是放棄了這樣的努力——沒能積極主動地適應別人的性格特點。自己不做出讓步，努力適應別人，卻一味地批評別人——那個人有缺點這個人令人討厭……這樣就不可能與別人建立良好的人際關係。」

比爾·蓋茲認為，我們每個人，在自己所接觸的人當中，必然會有與自己合得來和合不來兩種類型的人。若是在學生時代，可以避免與自己性格不合的人交往，但是在企業裡，絕不能那樣做。與上司、同事相處，如果自己不能積極主動地努力適應對方的性格特點，工作就不可能順利進行。與合得來的人能建立起良好的人際關係，誰都能做到。可是，如果是與性格合不來的或自己討厭的，也應該努力適應他們，並和他們建立起良好的人際關係，這才稱得上是一個出色且成功的「外交家」。

無論是多麼小型的企業，都有它為維持經營而制定的目標。為了實現這個目標，公司裡的每個職員都必須做好自己分內的工作。因為單靠個人的努力是不可能實現公司的奮鬥目標的。因此，如果所有成員不能默契合作而無法實現每月、每年的目標，那這個企業也就不會存在，更不會發展了。而企業裡的全體成員能否默契合作

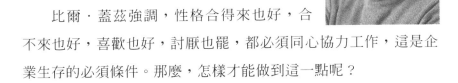

是由人際關係決定的。

比爾‧蓋茲強調，性格合得來也好，合不來也好，喜歡也好，討厭也罷，都必須同心協力工作，這是企業生存的必須條件。那麼，怎樣才能做到這一點呢？

首先，要認清對方的特點，然後採取適宜的交往法則。比如，對於心思比較細膩，重視禮節的人，若採取無所顧忌的粗魯方法，那你們之間就不可能建立起和諧、融洽的關係。相反，對於不拘小節的人，過於小心謹慎地應對，對方會很厭煩，自然也不會建立起良好的人際關係。想要使自己的人際關係和諧，想要使自己輕鬆、愉快地工作，那就一定要努力適應別人，採取與之相對的交往法則。

為了與自己性格合不來的人建立起良好的人際關係，平時多用心、多留神是非常必要的。在掌握了人際關係基本常識的基礎上，無論遇到任何事，都要試著改變一下自己的思維，改變一下自己的觀點、看法。做這些努力對彼此之間關係的好轉大有作用。比爾‧蓋茲列舉了幾種不損害人際關係的秘訣。

（1）要知道「棘手」和「討厭」是不同的。當覺得對方不好應付、很棘手時，不要讓這個階段迅速發展成個人感情的好惡階段，這是非常重要的。因為一旦發展到討厭的階段，想要變為喜歡是相當難的。

即使認為是性格不合的類型，也不能陷入討厭對方的情感之中。只有停留在只是覺得對方很難與之相處，有些棘手的階段，才可能冷靜地和對方相處。

（2）要與合不來的人多溝通、多交流。無論是誰，都是從覺得與對方合不來的一瞬間開始，進而不知不覺迴避與對方交往的。這樣彼此之間的關係永遠也得不到好轉。越是覺得與對方合不來，就越需要增加與對方交流與溝通的次數，越需要主動瞭解對方。這樣做是為了增進彼此瞭解。掌握了對方的性格與個性，才得以消除誤會和偏見，進而相互信任和理解，達到消除隔閡的目的。

另外，不能從對方的言語表達或者對方的表情、態度、動作等非語言的部分妄加推測。這一點非常重要。因為有些人不善於表達情感，屬於情感內藏型。透過多接觸、多溝通、多交流，很可能會發現自己對其有諸多誤解，彼此之間的關係也很可能因而得以好轉。

總之，最重要的是自己要主動與別人多接觸、多溝通。讓對方有一個好心情是建立良好人際關係的最大秘訣。

（3）改變著眼點能發現別人的優點和長處。有很多人在心裡認為「好極了！」、「真棒！」、「真漂亮！」……但不善於說出口，也許是認為「即使不說，他也能領會吧！」但現實生活中，如果不說別人就不知道的事情有很多。無論你在心裡怎麼想，只要沒

用言語表達出來，自己的心情就永遠也不會傳達給對方。

因爲並不是阿諛、奉承的話，而是發自內心的讚揚對方，所以應該眞誠地說出來，讓對方知道你的心情。發自內心的讚揚是思想、感情交流的基本。

（4）優點和缺點往往是相對的。也許有些人不能輕易地看到別人的優點和長處，相反，卻總看到別人的缺點和短處！這樣的人即使勉強說一些讚揚別人的話，也很可能會引起別人的不高興。如果你也有這種傾向，那你一定要試著改變自己的觀點。

在這裡我們要提示一點，優點和缺點往往是相對的。比如，過於神經質而斤斤計較的人，換一種角度也可以說是能夠注意到細小的地方而比較細心的人；馬馬虎虎、粗心大意的人，換一種角度也可以說是不拘小節而心胸寬廣的人。優點和缺點往往是相對的，隨著著眼點的不同，缺點可以變成優點。

一開始就與自己情投意合的人，在與對方的交往中自然會看到對方的優點。可是，自己覺得有些不好應付的人，就容易看到他的缺點。這都是受了自己看法和觀點的影響。如果自己能冷靜地看別人，認爲是缺點的地方也可以看成是優點。總之，最重要的是要試著改變自己的觀點和著眼點。

$\mathcal{F}$*ive* 精神分析大師埃里斯：
「適應是成功人生的基石。」

享譽世界的美國精神分析大師埃里斯說：「適應是在現實生活中維持一種良好、有效的生存狀態和發展狀態的過程。學會適應是每個人健康生活和獲取發展的前提，是成功人生的基石。」

埃里斯認為，當人們按理性去思維、去行動時，他們就會是愉快的人。人的情緒伴隨思維而產生，情緒上的困擾是由不合理的思維造成的。合理的信念會引起人們對事物適當的、適度的情緒反應；而不合理的信念則會導致不適當的情緒和行為反應。當人們堅持某些不合理的信念，長期處於不良的情緒狀態之中時，最終將會導致情緒障礙的產生。

他認為不合理信念的特徵有：

1. 絕對化的要求。比如「我必須獲得成功」，「別人必須對我很好」，「生活應該是很容易的」等等。

2. 過分概括化。即以某一件事或某幾件事的結果來評價整個人。埃里斯認為過分概括化就好像以一本書的封面來判定一本書的好壞一樣。埃里斯也認為，一個人的價值是不能以他是否聰明，是否取得成就等來評價的，人的價值在於他具有人性。因此他主張不要去評價整體的人，而應取而代之評價人的行為、行動和表現，每

一個人都應接受自己和他人是有可能犯錯的人類一員（無條件的自我接納和接納別人）。

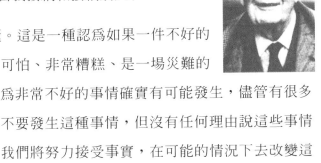

3. 糟糕至極。這是一種認爲如果一件不好的事發生將是非常可怕、非常糟糕、是一場災難的想法。埃里斯認爲非常不好的事情確實有可能發生，儘管有很多原因使我們希望不要發生這種事情，但沒有任何理由說這些事情絕對不該發生。我們將努力接受事實，在可能的情況下去改變這種狀況，在不可能時學會在這種狀況下生活下去。

人生不是一帆風順的，每個人都會遇到一些不如意的事情：家境貧寒、學習與工作條件欠佳、考場失意、戀愛失敗、人際關係不融洽等。在這些困難面前，有的人積極面對，在克服困難中得到發展；有的人悲觀失望、怨天尤人，甚至精神崩潰。爲什麼面對同樣的生存環境，每個人的適應情況會有如此大的差別呢？

原因不在於客觀外界事物，而在於每個人對客觀事物的理解不同，所做出的心理反應不一。埃里斯研究了客觀事件與人們行爲之間的關係。他認爲，導致人們對環境適應不良而出現消極心態的原因，並不在於人們所經歷的各種刺激事件本身，而是在於人們對這些事件的看法、評價和解釋，即個人對事物的錯誤認知方式，他稱之爲不合理的信念。例如，一位大學生爲自己沒有考

上理想的學校而煩惱。他會認爲煩惱是因爲沒考上理想的學校。而他煩惱的原因實際產生於「我只有考上理想的大學才會成才，沒有考上理想的學校，對於個人來說是最倒楣的事」這樣的不合理信念。如果他認爲「無論什麼樣的學校，只要個人努力都會成才。世界上的事情未必樣樣都能如願，個人理想不能完全實現是常有的事，不必過分在意」，就不會悲觀和煩惱了，他會很快適應現在的環境，努力發展自己。埃里斯把人的不合理信念歸納爲11種：

1. 一個人絕對要獲得周圍的人，尤其是生活中每一位重要人物的喜愛和讚揚。

2. 個人是否有價值，完全在於他是否是個全能的人，即能在人生中的每個環節和每個方面都有所成就。

3. 世界上有些人很邪惡、很可憎，應該對他們進行嚴厲的譴責與懲罰。

4. 如果發生與自己的意願相違背的事情，那將是十分可怕的事。

5. 不愉快的事總是由於外在環境的因素，不是自己能夠控制和支配的。

6. 面對現實中的困難和自我所承擔的責任是件不容易的事，不如逃避它們。

7. 人們應該對危險和可怕的事隨時隨地加以警惕，非常關心並不斷注意其發生的可能性。

8. 人必須依賴別人，特別是某些與自己相較強而有力的，唯有這樣，才會生活得更好。

9. 一個人以往的經歷和事件常常決定了他目前的行為，這種影響永遠難以改變。

10. 一個人應該關心他人的問題，並為他人的問題而悲傷。

11.每一個問題都應有唯一一個正確的答案，如果找不到答案就會痛苦一生。

　　這些不合理的信念都是以對自己、對他人、對周圍環物的絕對化的不合理要求為特徵的。由於人們對自己、對周圍環境和事物不做全面具體分析，就做出過分概括的結論，對客觀事實抱有這樣的不合理認知，必然會以感覺代替實際上人的各種感覺，並不是人的思維的真實寫照，它不像鏡子那樣客觀地反映事實，如果人不能充分理解外部事物的心理記錄，那麼他此時的感覺就會使他的認知扭曲變形。當他不知不覺地陷入一系列消極的認知變形時，他的感覺和反應就會產生情緒上的困惑，產生不適應。一旦他糾正了自己的不合理信念，就會對自己、對他人、對周圍環境和事物有了客觀分析，對現實生活有了正確的領悟，就會置身

於一個充滿積極感情的世界之中。儘管生活中確實存在著令人不愉快甚至是痛苦的事情，他也不會因一時的感情挫折而失去對生活中美好意境的追求，他的生活將是美好和充實的，他的人生將是富有朝氣的。

Six 美國教育家赫欽斯：
「要適應環境，更要改善自身。」

美國教育家赫欽斯說：「聯合國教育科學文化組織的基本教育計畫的主要目的，也就是這個組織的主要計畫就是使不發達國家的人民『自己適應他們變動中的環境』。」在美國，適應論也是一個處於主導地位的理論，可是，世人應該警醒的是，如果教育目的只是在於使青年一代單純地適應他們所處的環境，卻不管這環境是好的還是壞的，那麼這種教育和這種適應都是可悲的，而在我看來，改善人自身和社會本身是更高意義上的適應──能改善多少，就盡量改善多少。

赫欽斯認為，社會不是透過學校或其他辦法強行實施一個社會改革計畫所能改善的，而是透過改善組成社會的每個人才能改進的。正如柏拉圖所說：「政府反映著人性。國家不是石塊或木料做成的，而是它們公民的品行做成的：公民的品行決定事情的結果，並把任何事情都帶動了。」個人乃是社會的心臟。

談到改善人，我們必須對人是什麼有個概念，因為，如果我們沒有關於人的概念，我們就不知道對人來說，什麼是善，什麼是惡。如果人像其他動物一樣是野獸，那麼，沒有理由為什麼有

權力管理他們的任何人不應該把他們當做野獸看待。同時，沒有理由爲什麼他們不應像訓練野獸那樣給予其訓練。一種正確的哲學通常認爲人是理性的、道德的和精神的生物，所謂改善人，意味著他們理性、道德和精神諸力量的最充分的發展。所有人都有這些力量，所有人都應最充分地發展這些力量。

人生來是自由的，也是社會性的。爲了正當地運用他的自由，他需要紀律。爲了在社會中生活，他需要德行。爲了充分地發展人的本性，他需要有良好的道德和理智的習慣。

要充分發展成爲一個社會的、政治的動物，人需要參與他自己的政府。仁慈的專制國家是不行的。除非你首先解放奴隸，你不能期望奴隸表現出自由人的美德。只有民主才是一個絕對美好的政體形式，在民主制度下，爲了整個社會的完善生活，人人輪流統治和被統治。

人類社會是建立在人的社會性上的。它要求成員之間的交往。他們不必互相意見一致，但是他們必須能互相瞭解。他們的哲學通常必須向他們提供一個足以使社會團結起來的共同目的和關於人和社會的共同概念。文明就是有意識地追求一個共同的理想。一個良好的社會，並不恰好就是我們所喜歡或習慣的社會。它乃是一個好人的社會。

教育是從事人的智力發展工作的。他們的道德和精神力量屬於

家庭和教會範圍。學校、家庭和教會三者必須協調工作；因為，雖然一個人有三個方面，他還是一個人。但是學校取代家庭和教會的作用，就是促使家庭和教會的萎縮，也不能完成學校所特有的任務。

　　除非我們的哲學普通告訴我們知識是有的，真理和謬誤的區別也是有的，我們就不能談什麼人的智慧力量，雖然我們也能談怎樣訓練他們，使他們快樂，使他們適應，和滿足他們的直接需要。同時，我們必須相信，除了科學實驗之外，還有其他獲得知識的方法。如果知識只能在實驗室裡求得，那麼很多我們認為有知識的那些領域，除了意見或迷信之外就沒有什麼東西給我們，我們將被迫得出這樣的結論，就是我們對人和社會最重要的方面什麼都不能知道。如果我們要透過使人們獲得有關最重要的學科

的知識來發展他們的智慧力量，我們必須從這樣的命題開始，就是，和很多美國社會科學家的信念相反，實驗和經驗的資料對我們的用處是有限的，哲學、歷史、文學和藝術在最重要的問題上給我們知識，而且是重要的知識。

如果教育的目的是改善人，那麼，任何不提價值問題的教育制度在措詞上是自相矛盾的。一個尋求壞價值的制度就是壞的。一個否認價值的存在的制度否認教育的可能性。哲學啓示的四個騎手：相對主義、科學主義、懷疑主義以及反理智主義，在教育上產生了那樣的混亂，終將使西方世界崩潰。

教育的首要目的是要知道對人來說什麼是善的。要按照各種善的次序來認識善。價值是有等級的。教育的任務就是幫助我們瞭解這個價值等級，建立這個價值等級，並且以這個價值等級爲生。亞里斯多德想到這點，他曾說：「必須平均的不是人們的財產，而是他們的欲望，除非他們按照事物的性質受到足夠的教育，這是不可能做到的。」

Seven 學界泰斗季羨林：
「我們須適應，但不能牽就。」

　　被中國大陸譽爲「國寶」的學界泰斗季羨林對適應問題非常重視，他認爲人生應該適應社會，但不能牽就。他曾撰文說，牽就，也作「遷就」和「適應」，是我們說話和行文時常用的兩個辭彙。含義頗有些類似之處；但是，一仔細琢磨，二者間著實有差別，而且是原則性的差別。

　　根據詞典的解釋，《現代漢語詞典》注「牽就」爲「遷就」和「牽強附會」。注「遷就」爲「將就別人」，舉的例子是：「堅持原則，不能遷就。」注「將就」爲「勉強適應不很滿意的事物或環境」。舉的例子是：「衣服稍微小一點，你將就著穿吧！」注「適應」爲「適合（客觀條件或需要）」。舉的例子是：「適應環境。」「遷就」這個辭彙，古書上也有，《辭源》注爲「捨此取彼，委曲求合」。

　　我說，二者含義有類似之處，《現代漢語詞典》注「將就」一詞時就使用了「適應」一詞。

　　詞典的解釋，雖然頭緒頗有點亂；但

是，歸納起來，「牽就（遷就）」和「適應」這兩個辭彙的含義還是清楚的。「牽就」的賓語往往是不是很令人愉快、令人滿意的事情。在平常的情況下，這種事情本來是不能或者不想去做的。極而言之，有些事情甚至是違反原則的，違反做人道德的，當然絕對不能去做的。但是，迫於自己無法掌握的形勢；或者出於利己的私心；或者由於其他的什麼原因，非做不行，有時候甚至昧著自己的良心，自己也會感到痛苦的。

根據我個人的語感，我覺得，「牽就」的根本含義就是這樣，詞典上並沒有說清楚。

但是，又是根據我個人的語感，我覺得，「適應」和「牽就」是不相同的。我們每一個人都會經常使用「適應」這個辭彙，不過在大多數的情況下，我們都是習而不察。我手邊有一本沈從文先生的《花花朵朵一罐罐》，汪曾祺先生的「代序：沈從文轉業之謎」中有一段話說：「一切終得變，沈先生是竭力想適應這種『變』的。」這種「變」，指的是解放。沈先生寫信給人說：「對於過去種種，得決心放棄，重新

沈從文

開始學習。這個新的開始，並不一定能立刻配合當前需要，唯必能把握住一個進步原則來肯定，來完成，來促進。」沈從文先生這個「適應」，是以「進步原則」來適應新社會的。這個「適應」是困難的，但是是正確的。我們很多人在解放初期都有類似的經驗。

再拿來和「牽就」一比較，兩個辭彙的不同之處立即可見。「適應」的賓語，和「牽就」不一樣，它是好的事物，進步的事物；即使開始時有點困難，也必能心悅誠服地予以克服。在我們的一生中，我們會經常不斷地遇到必須「適應」的事務，「適應」成功，我們就有了「進步」。

簡潔說：我們須「適應」，但不能「牽就」。

Eight 智海法師：

「佛教是最講究適應的。」

中國當代大德高僧智海法師說：「佛教可以說是最講究『適應』的，因緣生滅的現象觀、契理契機的經義圓融觀、大乘利他的『四攝』方便觀、菩薩濟人的假智觀等等，可以說都是在強調『適應』而說的。」

一、因緣生滅的現象觀說適應

佛陀覺悟到萬事萬物的存在都是「因緣生滅法」，即事物的存在是條件性的存在，有什麼樣的條件具足即顯現爲什麼樣的事物形態，而這種顯現是不斷變化的，隨其條件的變化而變化，一個事物的存在有生、住、異、滅的過程形態，而其本質是無自立主性的，所謂「如其所來，如其所去」，或「來不如來，去不如去」，眞俗二諦，圓融自在。

即是說，一種存在狀態不可能永遠不變，這種存在狀態是在其存在的基礎上顯現的，當這種存在的基礎發生變化了，其存在狀態必然會發生變化，而這種變化是本質的存在，是必然的現象。落實在宗教中，就是宗教的產生有其一定的社會背景、歷史條件，當其存在的基礎還存在，它就將會繼續存在，一旦它的社會基礎等條件發生了變化，那麼它就必然有新的形態以適應這種變化，像在奴隸社會的佛教形態到了封建社會，就必然有新的面貌以適應其社會，

到資訊時代的今天，也必然要有相對的形態以調適，像在印度的
佛教到了中國，從中國到朝鮮，從朝鮮到日本，都有其相對的特
色以調適地域時空的變化。

二、契理契機的「經」義圓融觀說「適應」

　　佛教的三要素是「佛、法、僧」三寶，「佛」是教主，佛教
的主旨即是啓迪人類的覺悟智慧；「法」是啓迪智慧的方法，蘊
含於佛教「經、律、論」三藏教典之中，對應於戒、定、聞思修
慧；「僧」是依戒依法淨化身心煩惱染污的和合團體。而「法」
是佛之所以為佛的修行方法和所覺真理，也是僧眾賴以安身立命
的根本，其三藏之中的「經」又稱「契經」，即是說明佛經必須
上合諸佛所覺悟的真理，下合教化眾生的心機根性，真理是不變
的，但眾生的根機是天壤之別的，上智者窮其畢生精力亦難盡其
道之底蘊，下愚眾得其點滴也可惠益無盡，道不遠人，各得其
所，法貴當機，宏法者貴在適應眾生的個體特殊差別而因材施
教，應病與藥而解粘去縛，用種種方便誘導眾生領悟無所不在的
法理，也是貴在「適應」──即契合眾生根機。宗教在適應的過
程中，始終要清楚宗教本身的安身立命所，將宗教救世的目的和
方法協調於現實的生活行為規範中，適應而不變質，方為是適
應。

三、 大乘利他的「四攝」法方便觀談「適應」

佛教大乘法「不爲自己求安樂，但願眾生得離苦」，發心重在利他，以利他來破「我執」將自利融攝在利他之行中，圓滿大乘慈悲精神，「慈能與樂、悲能拔苦，無緣大慈、同體大悲。」以眾生之苦爲苦，急眾生之所急，像排除自己的痛苦一樣來排除眾生的痛苦，無條件地給予眾生眞實的快樂，然而，要實現眞慈悲精神，必須要有「四攝」的方便。

「四攝」就是四種攝受眾生的方法，不能吸引攝取眾生就沒有

利益他人的方便善巧。這攝取眾生的第一方便是「佈施」，眾生需要什麼，就給他什麼，在滿足眾生的所願中縮短與眾生的距離，在親近融洽的氛圍中攝取眾生於眞理樂園。「愛語」是第二種攝取眾生的方便善巧，說讓眾生心悅誠服的話語而善巧提攜眾生到至眞善域，「利行」是做有益於眾生之事，「同事攝」是示現與眾生相同的事以作爲引導和榜樣，這都是適應方法的具體表現了。

四、 菩薩濟世的假智觀談適應

　　菩薩濟世，是以智慧為根本的，而學佛的智慧，有空智、假智、中道智慧，假智是以智慧契入世俗眾生存在的個體細緻具體的各種條件而發揮強而有力的針對性，恰如其分地應病與藥，施功於無形而功卓昭彰。

　　適應之提法，何謂適應？為何適應？怎樣適應？以上諸般略說，可說是佛教「適應」之基本說明。

Nine 教育思想家蒙特梭利：
「適應是孩子成長的本能。」

　　蒙特梭利是教育史上一位傑出的幼稚教育思想家和改革家、義大利歷史上第一位學醫的女性和第一位女醫學博士。她曾將「環境」比擬爲人的頭部，強調環境對小孩的重要性，因爲人類的一切成長都與頭部有關，它是發號施令者，控制著生理與心理上的發展成熟度。環境對個人的影響實際上遠比遺傳重要，它甚至可以決定一個人的智愚和成敗！

　　蒙特梭利曾舉過一個例子：1920年，在印度的東北部發現了兩個女狼童，一個8歲，一個2歲，她們因爲從小與狼一起生活，生活習性完全與狼一樣，口不會吸吮，兩手不會抓東西，甚至連聲帶也發生了變化；夜晚常常不睡覺，只是不斷地吼叫；不會站著走路，只會爬行，耳朵亦如狼耳，常常會動（人的耳朵不會動），一切的生活方式均顯示出不能適應的情況，其中活得較長的8歲女狼童，在17歲時去世，期間雖經過9年人類文明的教導，但仍舊無法成爲真正的「人」。

　　蒙特梭利認爲，這個事例使我們發現了兩個事實：首先，雖然她們本質上是人類，但因爲從小不在人的環境中長大，也就發展不出人類的特性。其次，人類有適應環境的本能，爲了求取生存，他能夠因應不同的環境，而發展出適合該環境的特徵來。在教育上，後天良好環境的影響能夠彌補個人先天的不足，誘發內在的潛能，

使可凶、可善的人性導向正常化的發展。對個人成長而言，個人的成長一定要與環境適應，如果不能適應，人的基本能力便無從發展甚至消失，嚴重的甚至會導致不能生存，正如前面狼童的例子，她們不但失掉了人的本性，而且將她們帶回「人」的世界後，由於年齡已大，已經無法適應人類的生活方式，生命也就非常短暫。

任何事物，包括萬物之靈的人類，想要生存，就非得適應環境不可。反之，「適應環境」也是萬物的一種本能。例如：生長在沙漠上的駱駝，牠們為了適應早晚溫差大的氣候，生理上就發展出了各種特殊的器官。而人類呢？我們以語言能力一例來說明本能的適應現象。例如母親不希望孩子說粗話，小孩子居然朗朗上口，完全是他自己從環境中學來的；一個生長在英語系國家的孩子，他家附近住了許多墨西哥人，孩子的父母對西班牙文一竅不通，而他卻能說得極為流利，實際上成人們誰也沒有教他，那也完全是他自己從環境中自然學到的。

蒙特梭利也曾以一個例子來說明這種關係：「例如有些小孩一生下來，母親即撒手人寰，那麼小孩所學會的東西很明顯的不是經由母親所教的。」這完全是人一生下來，就有適應環境的本能，幫助他生存，甚至驅使他去發展未來生存必備的生理或心理機能。也就是說，人類的各種智慧與體能都是因為適應環境而增

長的。

　　智慧的成長，除了因為先天年齡的限制，而呈一定的發展規則外，個體與環境適應的好壞，亦是促使智慧成長快速或者緩慢的主要原因之一。因此，蒙特梭利認為：「個體與環境適應的結果，是和兩者之間的內容（品質、頻率和數量）以成正比的關係而發展的。」

　　也就是說，假如能給兒童一個非常豐富，能提供學習刺激的「環境」，而兒童在這環境中也能勤勉，多方的去「適應」，那麼智慧成長的速度和品質必將是很好的！

　　蒙特梭利科學的幼稚教育，推翻了以往以大人為中心點的教育觀念，真正地實踐了以孩子生命力為活動中心的教育目標，所以它是一種新的教育。蒙特梭利以她科學的客觀觀察，發現了兒童獨特的生長秘密（法則），也發現了「成長」實際上是一種綜合性的工作，在「環境」、「教師」（大人）與孩子之間必定要有一個緊密性的連結，利用這三者間的不斷相互作用，幫助孩子正常發展。

　　於是這種「實事求是」的方法，不再有一成不變的刻板模式，它不斷地從試驗中求事實，再由事實中尋找方法的科學精神，這正是蒙特梭利教育法的最大特色。

　　蒙特梭利受盧梭、柏格森、麥獨孤等人及宗教的影響，提出兒

童不僅具有肌體，還具有一種內在的生命力。兒童的生命力「是一種難以捉摸的東西」，正像一個「生殖細胞」一樣，確定著個體發展的準則。

她說：「兒童的生長是由內在的生命潛力的發展，使生命力顯現出來的，兒童的生命就是根據遺傳確定的生物學的規律發展起來的。」蒙特梭利還指出，人們面臨的一個重要問題，就是「他們沒有意識到生命有自己的發展規律，兒童具有一個積極的精神生命。」因而「有意無意地壓制」兒童，在教育上採取了一系列錯誤措施。由於大力推崇內發論的緣故，因此她在談到環境的作用時聲稱：「環境無疑在生命的現象中是第二位的因素，它能改變、包括助長和抑制，但它始終不能創造。」但這只是一方面。另一方面，長期的教育經驗又使她堅信，環境對人的智力、心理的發展是舉足輕重的，絕不可忽視。因此有時又說：「把頭等重要性歸因於環境問題，這形成了我們教育方法的特點。」

第二章
適者提煉的成功訣竅

心理學家哈博特　有一次在沙灘邊觀察螞蟻時發現：為了適應地形，沙灘螞蟻的巢穴相當複雜。經過研究和觀察，他發現儘管是同一種螞蟻，如果牠的巢穴在乾燥的地方，巢穴的結構就比較簡單。這是為什麼呢？這是因為螞蟻對周圍的環境有一種本能的反應能力。為了在不同的環境中生存，螞蟻必須發展不同的能力。這種適應能力使得螞蟻在惡劣的環境中得以生存。

$\mathcal{O}ne$ 挑戰靠的是精神，
　　　適應靠的是智慧

世界第二大沙漠塔克拉瑪干被稱為「死亡之海」，以前從未有人徒步穿越過它。為了征服它，身強力壯正值盛年的中國著名探險家余純順不幸遇難。據報導，余純順選擇六月份橫越沙漠，遇難地離大本營只有1.4公里。專家推測，遇難的主要原因是炎熱、饑渴和迷失方向。

不久，52歲的歐洲女性卡拉，隻身一人，歷時20天，於1998年11月18日從南向北穿越成功。她回答記者提問時說：「沒什麼危險，一切都很正常。」

據報導，卡拉的背囊睡袋是專門研製的，重量輕，保暖性強。背囊上的太陽能電池，可以為攜帶的衛星電話、定位儀等提供電源。她帶的藥片食品——長效蛋白，吃一片可以長時間不用進食。為了這次探險，她兩年前就進行了系統的調查。比如選擇冬季是為了避開春天的沙暴、夏天的高溫及秋天的大風。冬天雖冷但可以透過保暖服裝來克服。選擇冬季，是成功的主要原因。卡拉說：「我不挑戰自然，我是千方百計地適應自然。」

從這個故事可以看出，對待自然有個挑戰與適應的問題。不同的態度有不同的意義，挑戰，表現出人的精神，適應，表現出人的智慧。

Two 一匹提早適應的狼

一匹狼吃飽了，安逸地躺在草地上睡覺。另一匹狼氣喘吁吁地從牠身邊經過。這使牠十分驚奇。牠問：「你在追趕羚羊嗎？」

「沒有！」

「有人在追趕你嗎？」

「沒有！」

「那你為什麼拼命地奔跑呢？」

那匹狼說：「聽說獅子要來了。」

「獅子要來？」聽了這句話牠放下心來，「獅子是我們的朋友，有什麼可怕的呢？你跑你的，我要睡覺了。」

後來，獅子真的來了，只來了一隻，然而由於牠的到來，整個草原上的羚羊奔跑速度變得極快。這匹狼不再那麼容易得到食物，不久便餓死了。死時還沒有平息內心的怨憤——牠認為是獅子破壞了牠寧靜的生活。而那隻提早適應的狼卻活得好好的，牠的腳已經具有了幾乎能夠超越獅子的速度。

這則寓言所包含的深意，值得我們每個人細細咀嚼。居安思危，永不懈怠，競爭永遠是生活的真正主題，生活不可能時時刻刻適應你，但是你卻必須學會時時刻刻適應生活。也只有這樣，你才能永遠立於不敗之地。

Three 在適應中活得精彩

　　心理學家哈博特·賽蒙有一次在沙灘邊觀察螞蟻時發現：為了適應地形，沙灘螞蟻的巢穴相當複雜。經過研究和觀察，他發現儘管是同一種螞蟻，如果牠的巢穴在乾燥的地方，巢穴的結構就比較簡單。這是為什麼呢？

　　哈博特·賽蒙認為，這是因為螞蟻對周圍的環境有一種本能的反應能力。為了在不同的環境中生存，螞蟻必須發展不同的能力。這種適應能力使得螞蟻在惡劣的環境中得以生存。正如南加州大學領導學院創辦人華倫·尼斯在《奇葩與怪傑》一書中所說：「適應力是每個人在面對生命的起伏不定與陰晴圓缺時，仍然能夠活得精彩的能力。有人能從磨練中吸取智慧，有人則在類似的經驗中受傷屈服，成功的領導者和一般人的差別就在於此。」適應力對於領導者來說是這樣，事實上，對於員工來說，也是如此。

　　現代企業在市場競爭中會遇到很多不可預測的障礙和阻力，因此，企業希望員工不僅能夠從容地適應環境，應對環境變遷帶來的心理衝擊，而且還必須能夠在這種不斷變化的環境中保持旺盛的精力，高效率地完成工作。

　　一家500強之一的美國公司在選擇北京辦事處負責人時，透過一個很小的細節觀察了應徵者的環境適應能力。當時，共有七名應

徵者，其中只有一位是女士。主考官故意把應徵者的位置安排在冷氣機下，而且將其功率開得很大。結果，六位男士都無法忍受長達兩小時的面試，只有這位女士堅持到了最後。當面試結束時，這位主考官說：「由於公司剛在北京成立辦事處，屬於萬事起頭難的階段，所以只有能夠適應環境，勇於接受挑戰，並且能夠以愉快的心情去面對壓力的人才會被我們錄用，鍾女士，歡迎妳加入我們的公司。」

大多數企業的人事經理認為，員工的環境適應能力是非常重要的。一位IT企業的總裁說：「如果員工無法適應急劇變化的環境，他怎麼能適應公司的節奏。眾所周知，IT企業的工作節奏是非常快的，如果你適應不了，就會被淘汰。」

所謂「適者生存」，適應環境是非常重要的。如果你想坦然地面對急劇變化的環境，就需要與現實環境保持良好的接觸，以客觀的態度面對現實，冷靜地判斷事實，理性地處理問題，隨時調整，保持良好的適應狀態。

一個人的環境適應能力往往表現在以下幾個方面：

（1）環境的敏感度：當身邊的環境發生改變時，你能否及時地察覺到。察覺只是前提，還要積極地適應環境的變化。當環境發生改變時，每個人都會有些緊張。但適應能力較強的人很快就能適應，並在新環境下高效率地工作，而適應能力較差的人則焦

慮不安，甚至心悸、失眠，無法工作。

（2）對挫折的承受力：周圍的環境發生改變時，你能否沉著冷靜，承受來自外部的壓力。每個人對挫折的承受力都是不同的。比如，在面對親人遇難時，有些人表現得悲痛欲絕，無法自制；有些人雖然心情沉痛，但是表面上還是很冷靜，能夠控制好自己的行為。

每個人的適應能力是不同的，產生差異的原因主要有兩方面：一方面是先天的因素，比如女性由於生理原因，對於某些環境的適應能力會差一些，多血質的人比粘液質的人應變能力高些等；另一方面是後天的因素，也就是說，只要透過各種方法對適應能力加以培養和提升，如參加實踐活動，經常變化生活中的某些因素，就可使自己的適應能力得以提升。因為在這些活動中，必然會遇到各式各樣的問題和困難，就會促使自己努力解決問題和克服困難，進而培養和增強適應能力。

適應力是一種經驗的學習與累積，如果能隨時保持自我改變的觀念，能夠在自我轉型的過程中變化，就可以在困難和磨練中成長，提升適應能力。

Four 一千年前的那場施工

　　傳說宋真宗在位時，皇宮曾起火。一夜之間，大片的宮室亭榭樓臺殿閣變成了廢墟。爲了修復這些宮殿，宋真宗派當時的晉國公丁謂負責修繕工程。當時，要完成這項龐大的建築工程，面臨著三個大問題：第一，需要把大量的廢墟垃圾清理掉；第二，要運來大批木材和石料；第三，要運來大量新土。不論是運走垃圾還是運來建築材料和新土，都涉及到大量的運輸問題。如果安排不當，施工現場會雜亂無章，正常的交通和生活秩序都會受到嚴重影響。

　　丁謂研究了工程之後，制定了這樣的施工方案：首先，從施工現場向外挖了若干條大深溝，把挖出來的土作爲施工需要的新土備用，於是解決了新土問題。第二步，從城外把汙水引入所挖的大溝中，於是就可以利用木排及船隻運送木材與石料，解決了木材與石料的運輸問題。最後，等到材料運輸任務完成之後，再把溝中的水排掉，把工地上的垃圾填入溝內，使溝重新變爲平地。簡單歸納起來，就是這樣一個過程：挖溝（取土）→引水入溝（水道運輸）→填溝（處理垃圾）。

　　這個施工方案，完全是順應周圍的一切，順應自然環境，這樣不僅節約了許多時間和經費，而且使工地秩序井然，使城內的交通和生活秩序不受施工太大的影響，因而確實是很科學的施工方案。

Five 恐龍告訴我們：
適應不了環境就無法活

　　據今7000萬年到兩億年的中生代是爬行動物的盛世，恐龍是那個時代地球的霸主，統治著海、陸、空三界。

　　恐龍剛剛出現時，就生活在一處古陸地上，那裡是恐龍的樂園。可是到了侏羅紀，古陸地開始分裂，並且開始漂向不同方向，由於大陸漂移，在白堊紀晚期，恐龍生活的環境發生了巨大的變化，氣溫逐漸下降。

　　這樣一來，像沒有禦寒裝備和生理機能的恐龍這樣的冷血動物就變得不能適應了，氣候變冷體溫就跟著下降，忍受不住寒冷就會死亡。牠們的呼吸器官只適於對付濕熱的空氣，卻對付不了變得又乾又冷的空氣。由於氣候的改變，原來很茂盛的蕨類等裸子植物絕跡了，取而代之的是能開花結果的被子植物。一到冬天，萬物凋零，恐龍的食物出現了全面恐慌。在新的環境面前，住漫長的進化過程中身體構造已經定型的恐龍，只能走上滅絕的道路。而能夠進行冬眠的蛇、蜥蜴類，身上長毛能禦寒並能躲進山洞避寒的小型哺乳類動物和鳥類，卻得以保存下來。

$\mathcal{S}$ix 走適應自己的路

  1842年3月，在百老匯的社會圖書館裡，著名作家愛默生的演講激勵了年輕的惠特曼：「誰說我們美國沒有自己的詩篇呢？我們的詩人文豪就在這兒呢……」這位身材高大的當代大文豪的一席慷慨激昂、振奮人心的講話使台下的惠特曼激動不已，熱血在他的胸中沸騰，他渾身升騰起一股力量和無比堅定的信念，他要滲入各個領域、各個階層、各種生活方式。他要傾聽大地的、人民的、民族的心聲，去創作新的不同凡響的詩篇。

  1854年，惠特曼的《草葉集》問世了。這本詩集熱情奔放，突破了傳統格律的束縛，用新的形式表達了民主思想和對種族、民族和社會壓迫的強烈抗議。它對美國和歐洲詩歌的發展產生了巨大的影響。《草葉集》的出版使遠在康科特的愛默生激動不已。誕生了！國人期待已久的美國詩人在眼前誕生了，他給予這些詩以極高的評價，稱這些詩是「屬於美國的詩」，「是奇妙的」、「有著無法形容的魔力」，「有可怕的眼睛和水牛的精神」。《草葉集》受到愛默生這位很有聲譽的作家的褒揚，使得一些本來把它評價得一無是處的報刊馬上改了口，溫和了起來。但是惠特曼創新的寫法，不押韻的格式，新穎的思想內容，並非那麼容易被大眾所接受，他的《草葉集》並未因愛默生的讚揚而

暢銷。然而，惠特曼卻從中增添了信心和勇氣。1855年底，他印了第二版，在這版中他又加進了二十首新詩。

1860年，當惠特曼決定印行第三版《草葉集》，並將補進些新作時，愛默生竭力勸阻惠特曼取消其中幾首刻畫「性」的詩歌，否則第三版將不會暢銷。惠特曼卻不以為然地對愛默生說：「那麼刪後還會是這麼好的書嗎？」愛默生反駁說：「我沒說『還』是本好書，我說刪掉了就是本好書！」執著的惠特曼仍是不肯讓步，他對愛默生表示：「在我靈魂深處，我的意念是不服從任何的束縛，而是走自己的路。《草葉集》是不會被刪改的，任由它自己繁榮和枯萎吧！」他又說：「世上最髒的書就是被刪減過的書，刪減意味著道歉、投降。」第三版《草葉集》出版並獲得了巨大的成功。不久，它便跨越了國界，傳到英格蘭，傳到世界許多地方。

愛默生說過：「偏見常常扼殺很有希望的幼苗。」為了避免自己被「扼殺」，只要看準了，就要充滿自信，勇於堅持走自己的路——走適應自己的路。

$\mathcal{S}even$ 諸葛亮的「因地制宜、夷人治夷」

　　三國時期，諸葛亮率兵平定了南中夷人（雲南一帶的少數民族）的叛亂後，想要因地制宜任命當地的首領擔任官吏來管理。

　　有人進言反對，諸葛亮說：「如果留下外地人在這裡當官，就要留軍隊；留下了軍隊，軍糧無法解決，這是一難。我們剛剛打敗夷人，他們有的父兄死在戰場，留下外地人而沒有軍隊保護，必然會有仇殺之類的禍患發生，這是二難。從前夷人常有廢除或殺害朝廷官員的事，他們自己感到罪孽深重，留下漢人外地

官員，也是始終不會得到他們擁戴的，這是三難。現在，我打算不留官員，不留軍隊，不運送糧食，是考慮到各項典章制度已經基本制定，社會秩序已得到初步整頓，夷漢之間大致可以相安無事了。」

Eight 生命在適應中延續

先生趕集買了幾斤不大不小的鯽魚，置於水中，發現還有兩條活著的。於是，我趕緊把原來養金魚的魚缸刷乾淨，倒入清澈的自來水，把這兩條僥倖活下來的「大命」鯽魚，放入了魚缸中。

誰知道，第二天早上起來床一看，一條魚兒已經直挺挺地躺在地板上。而另一條呢，還在魚缸中游著，頗有些「悠哉悠哉」的意味。

一起活下來的兩條魚，一夜間一生一死，這不同的命運和結局，讓我深思。

這條魚的死，給我一種悲壯之感。牠應該是一條志向遠大、耐不住寂寞的魚兒。也許，牠的祖先就是傳說中跳過龍門、最終化為龍的魚兒，因而牠身上肯定也充滿了老祖宗的不安分的基因。可是這條魚兒啊，你怎麼不看看你跳的環境呢？這裡不是龍門，而是一個普通家庭的地板。好莽撞啊！

也許你會說，這條魚兒，游慣了大江大河，不幸被囚於魚缸裡，看不到出去的希望，才走到這一步……一句話，絕望而自殺。如果這種設想成立，那麼這條自暴自棄的魚兒，不會讓我有絲毫的同情。魚兒啊，難道你就沒想到，還會有一個佛心十足的人兒，救

出你來讓你重新游進大江大河的那一天？自暴自棄，無論何時都會令人失望啊！

　　我深思的同時，那條活著的魚兒，正在魚缸裡「閒逛」呢！並且不時地吃一些我投入的飼料。清清的水透出魚鱗的金光，從這片片金光中，我感到了這條魚兒的智慧，感到了這條魚兒達觀到了寵辱不驚的境界：既可遨遊馳騁於大江大河，又可悠哉悠哉於小河湖泊，甚至在這小小的魚缸裡也一樣的快樂。的確，許多時候，我們無能為力改變周圍的環境，既然改變不了環境，那就不如學學這條活著的魚兒，從適應之中找到快樂！

Nine 適時應變，
你的神經將不再衰弱

我曾在一家諮詢中心工作，有一天，諮詢中心來了一位中年婦女，愁眉不展的。她自述一年多來，常感到食欲不振、疲倦無力，夜間失眠、噁心、心慌、盜汗，並說看了多次醫生，都說是神經衰弱，吃藥也沒用。

我告訴她，神經衰弱是因精神因素引起的大腦機能的暫時失調，一般都有心理因素，希望她能思考一下最近有什麼苦惱。

這位婦女談起了她的「心病」。「文革」期間，初中剛畢業的她，下鄉插隊，幾年後好不容易返了城，找了一份有固定收入的工作，之後成家、生子，總算有了一個安定的環境。然而，近年來各企業都在從事改革，精簡人員，只有初中學歷的她，始終有一種危機感。同時，她看到周圍不少人的日子都過得比她富足、瀟灑，內心很不平衡。由於她多年來一直在計畫體制下工作，形成了固定的思維和生活模式，且已年過不惑，想改變一下自己已是力不從心，心中便常為此焦急。

聽了她的敘述，我已經對她的心理焦慮有了一個大概的瞭解，她所遇到的問題並不少見，在當前許多人身上都有類似的表現。我對她說：「妳的神經衰弱，是因為妳對社會變化的適應障礙引起的。中國正處在轉型時期，由傳統的計畫經濟向現代的市場經濟轉

變，因此必然導致人們的價值觀念和行為方式的改變，人們之間的貧富差距也在拉大。對於這些變化，年輕人比較容易適應，而中老年人適應起來就困難多了。我們在迅速變化面前，茫然不知所措，時常擔心被淘汰，對自己的前途和命運有種不確定感。因此，面對社會變革，要做好心理調適。」

她聽了感到很有道理，與她的心態比較一致，便問我應該如何做。

我對她說，首先，要改變對社會的認知和評價，接納社會的變化。

我們應該認知到，在中國進行的經濟體制改革，是歷史的必然選擇，是不以人的意志為轉移的社會潮流。而市場經濟必須實行資源的優化配置，因此，必然導致企業內部的人事改革，公平競爭、優勝劣汰、多元化價值取向等觀念，也自然會引進我們的生活中。這些都是我們必須面對的客觀事實，不管妳喜不喜歡，現實都會以它本來的面目和規律發生及發展，與其在那裡抱怨、抵制、否認，不如調整自己的認知與評價，痛快地接納。

其實，危機與機遇是並存的。我們不應該僅從消極的方面去看待變化，而應該從變化中尋找積極的意義。改革雖然可能打破妳養尊處優的舒適生活，但它同時也打開了另一扇門，讓妳奮發圖強，重新尋找實現自我價值的人生之路。雖然一段時間內會產

生一些失落感，但這有可能激發出妳的潛能，使妳開始一種全新的生活。

其次，我告訴她，還要改變對自我的認知與評價，挖掘自身的潛能。

心理學上有一個概念叫「自我意象」，即關於自我的肖像，它包含著「我屬於哪種人、我能做什麼」等方面的自我觀念。自我意象是根據自己過去的經驗與教訓、成功與失敗、屈辱與榮耀，以及自己對自己的評價逐漸形成的。自我意象是個很重要的前提，妳認為自己是個什麼樣的人，妳就會按照那樣的人去行事。

心理學家無不遺憾地普遍認為，我們絕大多數人都有自己的各方面越來越明確的自我框定，結果對許多新事物越來越喪失嘗試的興趣與勇氣，在我們的心理辭典中，不可為的東西就會越積越多，自信的指數也就日益下降。於是，我們只好日復一日地按照一種習慣平庸地生活，而害怕改變。但是，心理學家又欣喜地發現，不論人的年齡大小，我的自我意象又都是可以改變的，並能從此開始一種新的生活。人的自我意象的改變，並不僅僅取決於書本的知識或觀念的引入，它更有賴於經歷、嘗試和體驗的獲得。妳過去的體驗形成了現在的自我意象，那麼現在和今後，妳可以用同樣的方法來重新塑造自我意象。我建議她利用業餘時間學點東西，不一定非得學文化知識，可以閱讀報刊，多瞭解變革中的社會，還可以學烹

飪、美容、修理、手工製作、實用技術等。學習可以使人精神充實，增添生活情趣，還可以增加一些求生謀職的本領，提高社會適應能力。如此不斷地累積和提高，修正自我意象，在可能的情況下，尋找一個社會需求、個人能力特點和興趣愛好的最佳結合點，開始一種全新的生活。

　　告別時，她緊緊地握著我的手，表示感謝。我說：「人到中年，有如豔陽當空，只要能從現在開始，改變過去那種刻板的生活方式，注意吸收外面的新鮮空氣，妳會感到人生中有許多的機會，有許多的希望。而正是在珍惜機會、追趕希望的過程中，我們感受到生活的愜意和生命的韻味。不信，妳試試看。」

　　「好，我一定試試看。」她充滿自信地說。

Ten 答案在適應中尋找

　　他來自農村，爲了混口飯吃，他挑著一擔鮮紅的辣椒，不遠千里地翻山越嶺，來到了現代化的大都市。

　　在菜市場上，每個人都那提高嗓門喊，而他卻靜靜地坐在那裡。

　　不一會兒，便有生意上門，來的是一個中年婦女，他不敢怠慢，便開了口：「您是不是要買辣椒？」

　　「辣椒辣嗎？」中年婦女指著鮮紅的辣椒問。

　　他想：辣椒有辣和不辣，買辣椒的一定喜歡辣。於是便開口說：「我賣的這些辣椒怎麼會不辣呢？辣得不得了！」

　　「啊！」中年婦女好像有點失望似的，「那算了，不買了。」

　　「爲什麼不買呢？」他真的有點摸不著頭緒，「難道您不喜歡辣的？」

　　「不錯！」

　　「爲什麼呢？」

　　「我最怕辣了！」

　　「難道您不是因爲辣椒辣才買嗎？」

「白癡！」

望著中年婦女遠去的背影。他的心裡挺納悶的。這個年頭真的變了。辣椒辣的不要，非吃不辣的。看來，想要在城裡撈點好處，非下點功夫不可。

正盤算著，對面來了個老太太，她看了看辣椒問：「這辣椒辣嗎？」

「不辣，一點也不辣！」他指著辣椒開了口。心裡倒是喜洋洋的。

「光有外表，不辣的辣椒用來做什麼？」

「什麼？您喜歡吃辣的？」他有點不敢相信自己的耳朵。此時的他好像被迎面潑了盆冷水。

「我不買了。」說完老太太頭也不回的走了。

頓時他迷惑了，辣椒是辣的好還是不辣的好呢——也許答案就在適應中。

Eleven 適應變化才會有所成就

　　中國大陸有一篇報導說的是南沙守礁某部副政委陳安民轉業後自主擇業的故事。他是一位海軍系統的老典型，找工作時幾經周折沒著落，只好在一高級社區當警衛，但他照樣早出晚歸盡職盡責地工作。後來他毛遂自薦，憑著自身優良的素質，被廣州遠洋運輸公司任命為遠洋船的政委。陳安民在部隊是一名團職做部，初回地方後沒有了工作，反差之大、變化之大，對絕可用「天壤之別」來比喻。但他不等不靠，不怨天尤人，而是發憤圖強，進而再登人生理想之路。他的成功，正是適應新情況、正確對待新變化的結果。

　　正確對待這種變化，重要的是要有寵辱不驚的心態。一首歌中唱得好：「人生好比是海上的波浪，有時起，有時落。」在人生征途順利的時候居安思危不得意，在人生不順的時候多思進取不氣餒。有了這種良好的心態，什麼樣的處境都能適應。還有一點就是不可顧慮太多，比如待遇問題、人際關係問題。這些雖然對我們的工作、生活有一定的影響，但相對於人生來說都不是主要的，更不是我們首先要考慮的。首先要考慮的是如何盡快適應新職位，開拓事業，打開局面，讓大多數人都覺得你行。有了這些，無論任何人際關係之類的問題自然就迎刃而解了。

Twelve 美商企業的適應性訓練：
「智慧的本質就是適應」

　　一家美商企業，總經理是一位國內培養的**MBA**。他對每一位新招募的員工都規定最多三個月的試用期：第一個月是適應性培訓，主要讓新員工瞭解企業的產品、工作的流程以及他所在職位的主要任務。第二個月他給每一個員工分配一項工作，工作內容及要求都寫在一張紙上，他自己親自講解直到對方明白他的意圖為止，然後他就不管了。第三個月才讓新員工正式切入到實際工作中。他說試用期合格的人在以後的工作中都能適應。他認為理想的員工應該是：首先清楚自己要做的工作，其次就是有獨立完成工作的能力。這樣，你給他一個任務，當他明白你的意圖後，你就可以放心地等待結果。

　　這位總經理的要求有普遍性，但是能真正做到這一點對於剛畢業的學生來說有一定難度。這裡其實涉及幾個方面的問題：首先是專業知識的實踐和應用能力；其二是工作能力、接受能力和溝通能力；第三是對工作的熱情和責任心。

　　如果在這三個方面做好了，就一定能很快適應新的工作職位。

Thirteen 總有我們能夠做好、
能夠適應的事情

　　孫惠平是天津第一紡織機械廠的失業女工，6年前因腸穿孔和膽病做了兩次大手術。

　　面對企業的困難，看著那堆無法報銷的醫藥費，她坐立不安。她曾嘗試過好幾份工作，但都因身體不適或環境侷限而失敗。後來，她到一所公立幼稚園打工，照顧一個弱智班，但畢竟是臨時工，受制約較多，最後，還是離開了那裡。但是有3個家長仍把孩子送到她家，此舉使她樹立了信心，她決定在家裡開辦弱智幼兒學前班。

　　6年來，她教育培養了近百名弱智兒童。他們其中大多數人的智商，從剛入學的20左右提高到70左右，有90%的弱智兒童被各區的啟智學校錄取。

　　人生不會一帆風順，但是，總有我們能夠做好的事情，能夠適應的事情。

Fourteen 產業生態環境裡的
「候鳥遷徙」

在自然界中，每種生物的成長與之生存的環境總是息息相關的，南極企鵝、北極熊、非洲豹……相當多的動物都只能在特定的區域生存。而且，一旦牠們賴以生存的環境發生了變化，這些生物必須隨之進化，否則將遭淘汰，所謂「物競天擇，適者生存」。如候鳥遷徙，就是在主動選擇適合自己的生存環境。其實，在產業界，我們也能發現，產業的成長與產業的生態環境息息相關。

例如：電腦資訊、生物製藥等高科技產業往往聚集在高等院校、科研機構的周圍，而傳統的勞動力密集型產業則往往聚集在生產製造成本相對較低的地區。

在汽車行業利潤高漲的時候，各地紛紛將汽車產業作為主導產業。而當鋼鐵生意不錯的時候，許多地方又開始大興鋼鐵業。其實，對許多地方來說，發展特色產品深加工業可能更適合本地的產業環境，可是這樣的產業卻往往被視而不見。而有些地區，在具備了一定的經濟基礎以後，滿足於原有的發展模式，不去抓住機遇促進產業升級，發展的空間因而不斷萎縮。

*Fifteen*一位努力適應員工的老闆

幾乎每個初入社會的年輕人都會被告誡：「要適應你的公司，適應你的老闆，絕對不要指望他們來適應你！」

這是句聽起來不太順耳的「金玉良言」，昭示的是個體與群體之間的順逆關係，以及員工與老闆之間的強弱氣勢，而無論你承認與否，這是真實存在的。

但是，筆者走訪的一位藥企老闆卻對這個「金玉良言」嗤之以鼻：「也許我的員工都在努力適應我，但是為什麼沒有人看到我為了適應他們所做出的努力呢？而且這些努力是超出你們想像的。」

企業是一個有序的生命體，自有其發展的自然規律，但企業的定位、運作方式，企業主的性格、心態和素養是影響這一規律的決定性因素。

剛開始創業時，這位老闆對手下團隊的工作效率很不滿意，認為員工不夠聰明，永遠跟不上他的節奏，錯失了投資的最佳時機。但是，當企業團隊換了一批又一批人，他發現這種狀況並沒有因為他的不滿而發生任何改變。所以，後來改變的是他自己——他一方面著力培養與團隊間的默契，另一方面改變自己習慣於四平八穩處理事情的工作方式。

到現在，企業獲得了一定的發展，核心團隊已經比較穩定，他所做的努力，主要就是為了防止核心人員跳槽，以及研究怎樣用最少的薪水換取員工最大的工作熱忱。

「首先，待遇不能給太高，比同級企業的平均水準略高一點即可。」他對此的解釋是：待遇太低，不用說，員工碰到合適的機會就會跳槽走人；而如果給得太高，員工在短期內也許會很高興，但從長遠看會缺乏對企業盈利的信心，同時，老闆會被員工視為「好高騖遠的老闆」。

「其次，不能一視同仁，對不同的員工要有不同的策略。」人是資源的配置者，資源的配置有其內在運行規律，配置方式不同，結果也不同。在團隊裡很合群的員工，往往並不是很有進取心；而主動性強的人，又比較傾向於個人英雄主義，對合作的各個環節不太配合。

所以，關鍵是要找對適合員工特點的管理方法。思維活躍、善於創新的員工通常不願受拘束，有能力、有活力也非常有主見。對於這些員工，命令式的管理是行不通的，而要花更大的力氣在溝通上，讓員工更加瞭解公司，知道自己工作的價值，這樣他才更有方向。而對於不是很有進取心的員工，就要建立一個順利運轉的組織系統，讓他們可以在這套合理的流程中發揮自己的作用。

「再次，對於中層管理人員，要尊重他們，再尊重他們！」企業發生了大小事，這位老闆都會找特定的人商量，讓他們提出自己的想法，然後取其精華，加進自己的意見，交給他們去執行。這個時候，他喜歡對這些中層管理人員說：「你這個創意很好，繼續把它貫徹下去！」這會讓他們更加賣力。

「最後，用最大的想像力滿足員工的心理需求。」他的秘書有一項重要工作：將企業每個員工的生日登記成冊，在生日當天送上有總裁親筆簽名的生日卡及紅包；如果可能，身為總裁的他會親自為一位普通員工點生日蠟燭。

而有意思的是，當問到「為什麼現在高舉著『適應老闆，不要指望老闆適應你』旗幟的公司很多，而且也都有比較穩健的發展」時，這位老闆一笑：「他們是用高額薪金或企業品牌在吸引員工，員工們如果僅僅是為了『適應老闆』而不得不加班時，高額薪金的吸引力也是有限的。」舉個行業外的例子，普華永道中國區員工的月薪平均數萬元，但是工作量大，加班頻繁卻沒有加班費；存在薪資規劃問題，收入和付出不平衡；中國區總裁不得人心，衝突進一步擴大。普華永道的怠工風波，最終引起全面的「勞資門」事件，後院起火，使得這家名列全球「四大」的國際會計公司備受困擾。

第三章
不適者提供的敗因困果

適應問題在現代社會裡變得更為嚴峻和突出，更難以順利完成。因為改變了的生活條件向當代人提出了新的適應挑戰，可是社會文化中還沒來得及發展出支持個體適應的新體制，就如同幾乎所有美國登月太空人回到地球後，都無法應付突如其來的名聲和登月事件造成的超感官心理影響。他們有的精神崩潰，有的成了酒鬼，有的沉浸在沮喪中……他們中的大多數人都和妻子離了婚。

One 登月太空人返回後，
無法適應地球生活

在這個世界上，有一個獨一無二的12人「高級俱樂部」，哪怕是億萬富翁出鉅資也無法加入——他們就是地球上唯一登陸月球的12名太空人。在世人眼中，他們的生活充滿掌聲和榮譽。

然而，英國作家安德魯・史密斯採訪了9名活著的登月太空人後，在其新書《月亮塵土：尋找那些掉向地球的人》中披露驚人內幕：幾乎所有美國登月太空人回到地球後，都無法應付突如而來的名聲和登月事件造成的超感官心理影響，他們有的精神崩潰，有的成了酒鬼，有的沉浸在沮喪中……他們其中的大多數人都和妻子離了婚。

真的登陸過月球，你還能再去哪裡？

當美國前總統約翰・甘迺迪在1961年宣佈美國人要首先登陸月球時，連當時NASA的局長都不知道該如何實現這個大膽的夢想。令人驚奇的是，從1969年夏天到1972年12月，先後有12名美國太空人乘坐「阿波羅號」太空船，使用比現代手機還「原始」的導航科技登陸了月球。

大多數登月太空人在上世紀50年代都是美國空軍試飛員。60年代，身為飛行員的他們捲入了NASA的阿波羅登月計畫。在那個充

滿太空狂熱的年代，他們都認為自己在為人類的未來而冒險。然而，從上世紀70年代開始，隨著「太空熱」的逐漸衰退，12名登月太空人也遭遇了一連串混亂的「塵世生活」。NASA的宏偉計畫崩潰了，但大多數登月太空人卻發現很難在地球上找到自己的奮鬥目標：當你連月球都去過了，還能再去哪裡？

厭倦光環後的生活選擇隱居

新書披露，第一個踏上月球的美國太空人尼爾。阿姆斯壯返回地球後，就無法應付隨之而來的名聲。為了徹底從公眾的目光中退隱，阿姆斯壯後來退出美國宇航局，到辛辛那提市某航空工程學院做一名大學教師。他曾感慨道：「到底要花多少時間，別人才不把我當做一名太空人看？」長期以來，阿姆斯壯一直隱居在列巴倫市的一個農場裡。

漫步月球的感覺折磨他一生

和阿姆斯壯一同踏上月球的同伴奧爾德林回到地球後，開始變得精神沮喪並且瘋狂酗酒，他的妻子和他離了婚。如今，75歲的奧爾德林早已成功戒酒，並幸福地再婚，他居住在洛杉磯一所豪華公寓中，除了撰寫小說、在圖畫紙上設計「未來派」太空船外，他還呼籲人類重返太空。奧爾德林回憶說，當他在月球上行走時，曾有一種「靈魂出竅」的奇異感覺，這種感覺折磨了他一

生。

宗教和神秘主義成心靈寄託

　　同樣被「神秘感覺」折磨的是「阿波羅15號」登月艙駕駛員詹姆斯‧歐文，歐文在月球的亞平寧山的一塊岩石上，發現了一塊有著45億年歷史、被稱做「起源石」的水晶，歐文當時感到，這塊「起源石」彷彿正在那裡等待他的到來。歐文返回地球後，開始信仰宗教，他建立了一個叫做「高飛」的宗教組織，他曾兩次帶領探險隊到土耳其阿拉拉特山尋找諾亞方舟的蹤跡。1991年，歐文因心臟病而去世。

　　「阿波羅14號」飛船登月艙駕駛員愛德格‧米歇爾從月球返回太空艙時，有一種被某種東西注視的奇怪感覺，他感到自己和宇宙中的智慧生命產生了一種心靈的接觸。回到地球後，米歇爾開始研究神秘的超自然現象，他在加利福尼亞建立了一個「抽象科學協會」，專門研究人類意識和各種超自然事件。

最年輕登月太空人虐待兒女

　　歐文的登月同伴查理斯‧杜克同樣無法應付登月事件帶來的巨大心理震撼，他開始酗酒，並且經常虐待自己的孩子。現年69歲的杜克是活著的登月太空人中最年輕的一個，他後來皈依宗教，將登月事件稱遵為「我生命中的灰塵」，如今杜克和妻子多蒂居住在德

克薩斯的新布朗菲爾市郊外。

改行當畫家：只畫「月球風景」

「阿波羅12號」指令長阿蘭・比恩是第四個登陸月球的人，他後來成為著名的畫家，然而，他的繪畫主題永遠只有一個：他總是用混合著月亮塵土的油彩，描繪著他看過的月球表面場景，那些月亮塵土都是他從月球上帶回來的。比恩說，當他從太空返回地球時，曾向自己發誓：「如果我能回到地球，我將做自己喜歡的事。」

「月球漫步者」沒有因名聲暴富

新書披露，儘管登月太空人們遭遇過人們難以想像的危險，但沒有一個「月球漫步者」因為他們的探險經歷和名聲而暴富。他們仍然都是按照自己的軍銜等級從NASA領取每年大約17000美元的薪資。

「阿波羅15號」的太空人們在出發前曾偷偷將398枚未經政府授權的登月首日封帶上太空船，目的是希望登月歸來後，將這些因為登月而變得意義非凡的首日封換成一疊疊鈔票。這一醜聞曝光後，NASA形象大大受損，但「阿波羅15號」的指揮官大衛・斯科特之所以想發此橫財，只不過是因為他無法靠自己的薪水供兒女讀完大學，想多賺一點錢供兒女上學。

留下20世紀人類在月球的最後腳印

當「阿波羅17號」太空人尤金・塞爾南在月球鬆軟的塵土上寫下他小女兒的英文名字縮寫，然後離開月球時，他怎麼也不會想到，他離開月球前留在月球表面上的那個腳印，竟成了20世紀人類留在月球上的最後一個腳印。塞爾南後來開了一家諮詢公司，正是

他最早宣稱在太空中可以用肉眼看到中國長城，2002年，他親自爬上長城，圓了自己的長城夢。

現任美國總統布希希望美國能重返太空爭霸時代的輝煌歲月，並且宣佈了雄心勃勃的太空計畫，然而，由於面臨巨大的代價，美國重返月球和登陸火星的夢想仍非常遙遠。

Two 社會比監獄還難適應

　　1994年4月，湖北省京山縣公安局原馬店派出所治安巡邏員佘祥林，因被懷疑殺害妻子張在玉被捕入獄，其間兩度被判「死刑」，終因證據不足改判15年。2005年的春季，張在玉戲劇性地歸來，一切真相大白後，他被無罪釋放。他的青春年華在11年的牢獄生活中耗盡，以清白之身再獲自由時，呈現在他面前的則是一個急遽變化、陌生而又紛亂的世界。過去的經驗不足以應對，他不得不重新適應，顯然需要比別人更多的努力。

　　2006年春季，佘祥林說起過去一年的處境和感受，一字一頓地用四個字來概括：舉步維艱。「適應社會，適應城市，真的比適應監獄還要難許多。」

　　2005年7月，湖北京山縣的一家大型超市裡，佘祥林選了一罐八寶粥，直接掏出錢遞給旁邊的服務人員，要求結賬。

　　服務人員笑了，很顯然，現在沒人開這種玩笑了。「先生，請到那邊收銀台結帳。」

　　「謝謝。」佘祥林的神態毫無戲謔成分，「不好意思，這是我第一次進超市。」

　　染著棕色長髮的服務人員依舊半信半疑。他的遭遇超出了她

的理解範圍——面前這位男子，從1994年直接來到了2005年。

「數位相機，以前沒見過；雁門口這麼小的鎮子，居然那麼多桑塔納了；以前一兩塊錢一包的煙，現在賣到十幾塊錢了……」世界呈現給佘祥林的是一個熟悉與陌生的混合體，這使得他感傷與焦慮多過了新奇感。

一年裡，他對這個新世界的觀感是，好處、壞處都有，「但是壞處好像多一些。」物價漲了，污染嚴重了。以前練功習武的一片片天然堰塘現在都乾涸了，如同自己再也不會流淚的眼睛，「人工的魚池倒不少，什麼都是人工的。」他表達著遺憾。

而人心也更複雜了。2005年9月國家賠償的90萬元落袋後，他二哥佘鎖林曾經這麼說他：「你要是去市場做生意，能順便把自己也賣了。」

令他憤怒的是，那段日子裡他總能在電視節目裡聽到有人這麼評論：他（佘祥林）這也算因禍得福了。同樣的論調也不時出現在街坊的談話中。有時他總想回敬一句：「那我們交換一下，你去享這份福？」

「人們以為我得到這麼多錢，可以重建生活了。但是，錢能買回母親的生命嗎？能給我社會經驗嗎？」說起這些，佘祥林有些激動。

一些陌生的或是半生不熟的人陸續找到他，有的拉他一起投資工程項目，有的說手裡有專利技術想轉讓。一些好心的親友提醒佘祥林要有戒心，他們向他描繪「現在的社會」：表面對你堆著笑臉的人，腰裡可能揣著刀子。

「這些我還要慢慢體會，我現在能感覺到不對勁的，就是人們好像都戴上了面具。」佘祥林說。

如果說，一個無辜的人蒙受11年不白之冤令我們痛心疾首，那麼，當他恢復清白之身後所面對的艱辛與無助則更讓我們唏噓。

佘祥林在獄中的這11年，正是中國發展最快的階段，佘祥林等於從1994年一下踏入了2005年，原先的生活經驗，獄中的身體和精神創傷，使他幾乎與這個社會格格不入。幫助佘祥林完成這種適應，應該是全社會共同承擔的責任。

筆者在想，佘祥林是一個蒙受不白之冤的人，當他洗雪冤屈，重新走向社會都得面臨著如此的艱難與無助，那麼那些真正的罪犯，在經過監獄的改造刑滿釋放後又將面臨些什麼呢？

曾有調查顯示：重複犯罪者（也就是通常所說的「二進宮」）在所有新進犯人中的比例高達60%，有些人進監獄的次數竟不下10次。這並非是一時一地的結果，而是具有極高的普遍性。對這

些人來說，監獄的生活真的可以當作家常便飯，無所謂嗎？不是的。監獄的改造生活與社會生活必然是有極大差別的，人身自由和物質條件絕對不可能與正常人一樣，否則也就失去了「改造」的意義。那麼既然監獄的生活比外面苦，又為什麼會有那麼多人「二進宮」甚至「N進宮」呢？比較一致的答案便是「無法適應外面的社會」。在監獄裡住了幾年後，再到外面，幾乎成了傻子。什麼都不知道，什麼都不瞭解。所以，和外面的人根本就沒有共同語言。想找份工作自食其力同樣不容易，很多人一聽到「刑滿釋放人員」這幾個字馬上報以白眼，整個社會似乎都帶上了有色眼鏡，彷彿他們曾經的罪過永遠都無法贖完。在這種情況下，很多曾經的獄友又聚集在一起，彼此訴說心中的苦悶，抱怨與社會的隔膜，其中不少人便再次攜手走上了犯罪之路。如此地惡性循環，我們的社會又怎能和諧呢？

　　這不能不說是一個嚴重的社會問題。對一時誤入歧途的人，改造是必要的，但同樣不能忽視他們將來回歸社會後如何「走好」這一嚴峻課題。我們的監獄管理方式能否變得更人性化一些？是不是應該讓服刑人員更加瞭解外面的社會變化？是不是應該讓他們具備一些與外面現實世界接軌的知識和技能？與此同時，我們的社會是不是也應該更寬容一些，以更加包容的心態去接納那些已經贖過罪惡、立志洗心革面的人們？我們是不是應該把刑滿釋放人員社區矯正和心理輔導工作做得更加廣泛、深入和有實效？

Three 可嘆，人類對自然的適應力日漸衰退

　　如果讓一個現代文明人像北京猿人一樣赤身裸體地生活在北京周口店的山洞裡，他們甚至不能活過一年。別說食物無法解決，就是多天的嚴寒也是他們生存中無法逾越的障礙，他們已經退化的體溫保持系統無法保障他們正常的生存。

　　我們征服了自然界，創造了一個舒適又安全的生存環境，但是，當我們沉醉在把自己和自然隔離開來的喜悅之中時，大自然卻悄悄地收走了它曾經給予我們的適應能力和與此相關的健康。

　　在自然界中，任何一個能夠成功生存的物種，都具有強大的適應自然環境的能力，這是它們能夠在自然界中生存的前提。

　　植物具有極強的環境適應能力，它們種類繁多、姿態萬千。有的挺拔參天，有的細如絨毛，有的四季常綠，有的五顏六色……它們幾乎無處不在，有的長在高山，有的生於深海，無論是乾旱少雨的沙漠、終年積雪的冰峰，還是氣候極為惡劣的南北極地，處處都有它們的蹤跡。

　　雪蓮能生長在海拔4800～5500公尺之間的高山寒凍風化帶。雪蓮個體不高，莖、葉密生厚厚的白色絨毛，既能防寒，又能保溫，還能反射高山陽光的強烈輻射，免遭傷害，所以這也是對高

山嚴酷環境的一種適應。

　　塔克拉瑪干大沙漠，雖然常年乾旱，降水稀少，被人稱爲進得去出不來的「死亡之海」。然而，就在那罕見的生命浩瀚沙漠裡，胡楊不但能夠生存，而且還可以長到二、三十公尺高，最粗大的要兩個人才能夠合抱，是塔克拉瑪干沙漠唯一的高大樹木。塔里木河沿岸的沙漠裡，胡楊樹生長得鬱鬱蔥蔥，形成世界上少有的荒漠森林。

　　在極端寒冷的北極和南極，不但生長著眾多的地衣、苔蘚，而且還生長著多種開花植物。它們具有極強的抗寒能力。最令人驚奇的是一種叫卷柏的蕨類植物，每當天氣乾旱的時候，卷柏的根就會自動折斷，全身捲曲成一個小球，隨風滾動，等滾到一個水分充足的地方時，它就會停下來，在那裡重新紮根生長。即使乾旱時間很長，卷柏的植株已經變得枯乾焦黃，看起來好像已經枯死，但是只要得到水，它就會馬上「死」而復生， 由黃變綠，展開枝葉，重新生長。如果之後又遇到乾旱，它依然會去旅行，遇水後再重新定居下來，所以，人們送給它一個「九死還魂草」的美名。

　　動物同樣具有極強的適應能力，無論在炎熱乾燥的沙漠，還是在極其寒冷的南北極，都有眾多的動物生存繁殖。企鵝悠閒自在地生活在南極的冰天雪地中，北極熊在吃飽後，在北極的雪地上打滾是牠莫大的享受。海象在極地冰冷的海水中捕食，比人類洗溫泉浴

還自在。這種對寒冷的適應能力，只有處於原始狀態的愛斯基摩人才具有與之相似的能力。現代人早已與這種能力無緣。

我們的身體本來是自然的產物，在幾十億年的進化過程中，大自然給予了我們一個具有極大適應彈性的身體，使我們在變化多端的自然界中，能夠完全適應自然的生活而生存繁衍下來，這個具有適應彈性的身體，經歷了幾十億年的生存考驗，被證明是極為有效而可靠的。

在目前的優勢生存條件下，人類根本不會考慮自己在極端的環境下的生存能力，更不會考慮這種生存能力對於後代的生存價值。這是一種極端的短視行為。

對人文環境的過分依賴，不但使人類的生存資源遭到極大的浪費，使生存費用大大提高，而且使人的生存範圍和條件受到極大的侷限，生存效率大大降低。雖然目前還沒有直接的理論和證據顯示生物的這種生存依賴性能夠直接遺傳給後代，但從人工馴化的生物物種的退化的普遍事實中，可以肯定這種退化是能夠遺傳的，這就給我們一個極大的警示，我們的後代的生存能力及對於環境的適應能力，將在人類的恆溫環境中大大退化，並隨著人造環境的完善而加快退化速度，使生存能力呈加速度衰退，這種退化的結

果是可想而知的。當其他物種在環境的壓力下加速進化的同時，人類卻由於生存壓力減小而朝相反的方向退化，人類的生存優勢會不會在自然選擇中喪失？大自然是冷酷而公平的，它只相信自然選擇的法則，而不會偏愛哪一個特殊的物種。在這種環境下，人類的未來處境當然不是很妙。

追求舒適和享受是生物的先天本能，但是，人類這種對本能放縱的行為是不是有點過分？為了追求舒適而犧牲生存的自然適應能力，所付出的代價是否太大了一點？

Four 66%職場新 人一年不適應

　　大學畢業生從校園進入社會，從社會的準成員變成社會的正式成員，從「不受譴責」的受教育者變成「我做我當」責任主體，其中的心理跨度無疑是巨大的，而且必須面對、不容迴避。一些初入職場的大學畢業生們，表現得無法適應社會環境，罹患了所謂「無責任、無氣力、無感動」的「三無」流行病。「無責任」是指大學裡形成的自由散漫一時讓剛投入工作的大學生產生逃避心理；「無氣力」是指沒有良好的精神狀態投入工作；「無感動」就是對工作不懂得珍惜。

　　根據一項追蹤調查顯示，大學畢業生在步入職場後，「適應良好」（在一年之內順利適應）的人數僅占34%，相當高比例的畢業生屬於「適應不良」（兩年之內逐步適應）甚至「適應困難」（三年以上仍難適應）。這一比例和現象不能不讓我們疑惑：大學畢業生，你們到底怎麼了？

生活節奏改變

　　結束了校園內寢室、教室、圖書館這樣簡單、安靜的生活，告別了寒暑假和自由支配的諸多時間，大學畢業生們步入職場之初，就要面對新環境截然不同的生活節奏。浪漫的校園文化氣氛也讓位給了匆忙、緊張的工作和加班，有些人還要額外適應不同

地域的生活環境和習慣。這種生活節奏的突然轉變讓很多剛剛畢業的大學生無力招架，尤其對於那些沒有家人在身邊的人，很容易陷入忙亂和困境，無法適應離開校園的生活。

工作壓力加大

　　一方面，由於學校培養模式和實際工作需求之間的差異，大學畢業生們剛開始工作的時候很容易發現自身知識結構的缺陷，感到力不從心。另一方面，對自己的第一份工作抱著美好理想的畢業生們也往往受困於工作以後的失望，根據統計，有近2/3的大學畢業生對自己的第一份工作不甚滿意。大學畢業生們希望透過工作正式成為社會的組成成員，但突如其來的工作壓力往往會給他們的心理造成很大負擔。

人際關係困擾

　　人際環境被看作是微縮的社會環境，無論對於事業的成功還是心理的健康都有著重要的影響。有研究證明，在每年調動工作的人員中，因人際關係不好、無法施展所長的占90%以上，這也在一定程度上解釋了為什麼大學畢業生工作的前幾年是「跳槽」的高峰期。身處相對於大學中的同學關係更為複雜的社會人際關係，大學畢業生們幾乎100%地感覺到一些不適應，其結果可能是衝動地搞砸人際關係，也可能是自我封閉、心情抑鬱。

自我定位迷失

　　大學畢業生們在走出校園步入職場之前，90%左右的人都有一個接下來幾年的工作計畫。但是，帶著初入職場的生澀難以避免地碰了幾次壁後，他們也很容易被挫折擊倒，轉而以一種「混日子」的姿態生活，失去了進取之心，甚至不願承擔工作上和社會上應有的責任。這種自我定位的脆弱、易變、易受外界環境影響和干擾，正反映出大學畢業生面對社會時心理上的不成熟。缺乏明晰的自我定位，也是大學畢業生不能很好地適應工作生活的重要原因之一。

Five 不能適應留學生活，
三星總裁千金紐約自縊身亡

韓國三星集團會長（董事長）李健熙的小女兒李尹馨2005年11月25日在紐約寓所自縊身亡。但早先三星集團關於死因的解釋是「一場致命交通事故」。面對媒體質疑，三星集團高層官員表示並非有意誤導民眾，而是不願觸動李健熙一家的「家庭悲劇」和隱私。

但最終他們承認：李尹馨的自殺與不適應留學生活有密切關係。

李尹馨是李健熙的第三個女兒，因擁有三星集團1.91億美元股份而被視為韓國最富有的女性之一。她畢業於首爾梨花女子大學，喜歡法國文學，而且還是一個賽車迷。她2005年9月前往紐約大學藝術管理系深造。

死因說法前後矛盾

「媒體搶先做了說明，因此我們錯失解釋（李尹馨死因）的機會。」一名不願公開姓名的三星總部職員26日在韓國首都首爾說。

三星電子北美地區總部21日在新聞發佈會上宣佈，現年26歲的李尹馨18日遭遇「致命」車禍，第二天凌晨已處於「醫學死亡」狀態。她的遺體於21日按照佛教葬禮儀式在紐約入葬。

然而，車禍一說根本經不起推敲。《紐約時報》26日報導，紐約警方沒有記載任何與李尹馨有關的交通事故。

千金之女為情所困

一份來自紐約醫療檢驗辦公室和警方的報告揭開了死亡真相：李尹馨18日在紐約曼哈頓的住所用一截電線自縊身亡。李尹馨的男友和幾個朋友19日凌晨3時首先發現。李健熙的唯一兒子李濟熔與另外幾名親屬隨後到曼哈頓卡布里尼醫療中心確認了李尹馨的死訊。目前還不清楚她是否留有遺書。

三星總部發言人25日證實，李尹馨是自殺身亡。「我們並非有意誤導民眾，」他接受《紐約時報》記者採訪時說，「我們知道之前的說法有破綻，包含很多錯誤資訊，但並不是有意隱瞞或誤導。這是一場家庭悲劇。」

原因探秘：被逼與男友分手罹患嚴重抑鬱症

赴美留學前，李尹馨打算和韓國男友結婚，卻遭到父母強烈反對。她只好忍痛與男友分手，並因此罹患嚴重的抑鬱症。

「據我所知，尹馨在韓國的時候是個快樂、活潑的女孩，但在美國期間一直感到非常寂寞。她的自殺與不適應留學生活有密切關係。」三星總部職員告訴韓通社記者。

Six 適應和發展——
當代人的心理困難

適應和發展本來是一切歷史階段所有人的兩大任務。這裡特別提出現代人的適應和發展，是因為在現代社會裡它們變得更嚴峻，更突出，更難以順利完成。也就是說，改變了的生活條件向當代人提出了新的適應挑戰，社會文化中還沒來得及發展出支持個體適應新的生活條件的體制。

當代人適應和發展有兩個特點：一是適應的相對平衡期縮短，動態調整期變長。好不容易建立起一個適應模式，但持續沒多久就變得不適應了。這一現象的根源在於社會文化環境的改變速度太快。這一情況突出的例子是近十幾年中國社會價值取向的演變。八〇年代初的「知識熱」迅速演變成「文憑熱」，沒幾年「經商熱」又後來居上。「熱」中寓含著人們的價值追求。「熱」的轉換意味著社會價值取向的轉換。如此頻繁的價值轉換，不可能不影響個體的價值觀體系，迫使個體重新評價以前的價值追求，調整價值取向。其他方面的情況也大致與此相似。總而言之，在現代社會中，生活條件似乎永遠在向個體的能力、經驗、現有的適應模式發出挑戰，持續終生地保持著壓力。個人似乎永遠也不可能「準備好了再上陣。他（她）總是倉促應戰，總是剛剛「適應」了又立刻變得不適應，沒有喘息的機會。

由於適應狀態持續時間變短，調整時間變長，個體承受的應激

壓力便增加了。經常處於應激狀態又是誘發心理障礙的一個基本原因。

現代人適應和發展的另一個特點是個人有更大的自由度去選擇自己的人生。在傳統、習慣占支配地位的社會裡（例如中國幾千年的農業社會），人與人之間的連帶感較強。個人行為較多受到有連帶關係的他人（如父母、親友）的支配。一個人的人生道路往往在很早就相當明白地擺在他（她）面前：他（她）父母的今天就是他（她）的明天。個人選擇的餘地相當小。在這樣的社會裡，教育、習俗、價值取向也不鼓勵年輕一代自主自立，自由選擇，而強調安分守己，循規蹈矩的品行。這種情況在中國儒家精神中有強烈表現。所謂「父母在，不遠遊」，便是寫照之一。但在現代社會裡，一方面由於經濟、文化生活條件的不斷變化，社會不再能提供給年輕一代一條現成、可靠的生活道路，取而代之的是一系列的選擇機會甚至是選擇的必然性。另一方面，教育、習俗和價值取向均崇尚、鼓勵獨立自主、自由選擇。兩者合在一起就製造出年輕一代必須選擇、渴望選擇這種局面。選擇的自由大大增加了。

選擇自由度增加固然給個體提供了更多的發展機遇，但也並非全如想像的那樣美妙。正如E·弗洛姆所指出的，這是一種使人焦慮痛苦、剝奪人的安全感的自由，一種使人想要逃避的自由。因為你必須選擇，無人能代替你選擇，且須由你自己承擔選擇的後果。來自眾多治療家的經驗和臨床研究都顯示，選擇和焦

慮幾乎是一對孿生子。大量的焦慮個案都與來訪者面臨某種人生選擇有關。當人面臨一個選擇關頭時，既有一種控制感——「我的命運掌握在自己手裡」，同時又常常體驗到無助、孤單，焦慮便不可避免地產生了。

從以上分析可知，在現代人的適應和發展過程中，存在大量可造成適應和發展障礙的社會誘因。因此，從整體上看，當代人心理困難的加劇是一個必然現象。

既然在現代社會中人的適應和發展面臨更嚴峻的挑戰，諮詢和心理治療的出現就絕不是一件偶然的事情。它是作為社會巨系中一具發揮著獨特功能的子系統贏得社會承認的。在任何一個社會中，都既有物質資料的生產，也有人的生產。兩者之間存在互相支援、互相制約的關係。人的生產不僅包括人類新成員的生死，而且包括人的心理素質的生產。社會需要身體和心理都是健全的成員來建設它。諮詢和心理治療的職能就在於幫助個體克服適應和發展中的各種心理困難和障礙，成為健全的、有效率的建設者和享有個人幸福的個人。

對諮詢和心理治療的服務對象而言，諮詢和心理治療有兩個層次不同的幫助功能。在基礎層次，它們負責幫助當事人克服各種即時的適應困難，例如，消除各種心理障礙，克服學習和工作中產生的心理困難，讓當事人達到更好的人際適應，在環境中有效地進行活動。在較高的層次，心理諮詢要幫助當事人發展自我認識，澄清生命的價值，明確人生目標，充分開發自身潛能，朝自我實現的狀態推進。

Seven 哪些性格的人適應社會難？

年輕人剛走向社會，步入職場，在適應過程中面臨矛盾，這種矛盾可能是來自觀念上的衝擊，例如對事業、對人生的看法不同，也可能是行為方式的衝擊，原先做事隨意的年輕人，進入公司後要接受或多或少的指示，好比野馬繫上韁繩，難免有些陣痛。

但是為何有些新人一兩個月後就能逐漸適應社會規則，而有些年輕人甚至幾年後都無法正確處理這種矛盾，最後只能躲在家中不工作呢？後者在當今並不少見，關鍵在於他們可能本來在性格上就存在問題。「問題性格」易出現危機，具體來說有以下幾種：

A、偏執型人格

這類人容易把工作上發生的矛盾都歸因於外在因素的影響，認為工作環境不能接受等，最後直接導致與其他同事、工作企業的衝突。

B、強迫型人格

這類人做事比較刻板，過於認真，對自己和對別人都有不切實際的完美要求，靈活性不夠。為了達到這種要求，他會把對別

人的不滿放在心裡，過於壓迫自己，同時又給自己施加過重的壓力。這類人常見的問題是感到工作負擔過重，但其實很多壓力是由於他對自己過於理想化的要求導致的，一旦不能完成目標，他就會懷疑自己的工作能力，進而產生焦慮、緊張、害怕等情緒，甚至會出現強迫症狀，例如對一些小事反覆思考，反覆去洗手間等。

C、抑鬱型人格

這類人有一個普遍的思維特點，就是容易把事情往消極方向想，對別人一個無意的眼神或一句話想要半天，理解為這是別人對他的不良評價，但很多時候，他都是在捕風捉影。為此，他沉醉於工作，要求自己做得很好，而在人際關係上較為冷漠，越是這樣，人際關係越會阻礙他工作的順利開展，他的心態就越不好：這裡不適合我，每個人都和我作對！

D、膽小型人格

這類人在獨生子女中比例較高，由於父母過分寵愛，導致他們的能力發展受到影響，甚至連獨立思考的能力也不具備，接觸社會後，他們發現原來自己這也不會，那也不會，就會在內心責怪自己，有些人乾脆逃回家中，並出現分裂症狀，因為他看不起同事做事的方式，但自己也做不好，出現實際能力與自我感覺的分離。這種不協調，主要是因為他不能養成客觀認識世界和自我的心態，操作能力和面對不同文化、觀念、做事風格的適應能力不良，習慣以自我為出發點去看待世界。

身為職場新人，要避免的是把性格上的問題習慣化地帶入工作

中，這對適應職場角色是非常不利的。職場的角色一般會要求人具有冷靜、理智、面帶笑容，不把個人情緒摻雜在工作中等，因此新人應該有意識地培養自己的角色心態，使周圍人和自己都感到愉快。

例如遇到大家都束手無策的難題時，要積極地尋找出路。一份調查顯示，工作中的衝突85％以上都來自人際衝突，因此身為理性的職場人，應該具備包容的心態，能夠接受同事之間因為不同文化背景、認知水準、成長背景造成的差異。

在與上司相處時，要使自己的工作努力方向與上司保持一致，因為上司往往站在較為宏觀的角度考慮大局，而個別職員的意氣用事、妄加臆測，則會導致整體行動出現盲目、消極，不利於新人與上司、老同事間和諧相處。

職場新人的社會適應不良，家庭是一個很重要的影響因素。子女是父母的翻版，如果父母本來的性格也比較消極，聽到孩子回來描述公司裡發生的種種衝突，不但不能正確認清是非，反而與孩子一拍即合，認為「這家公司太差了，我們換一家」。但連續跳過幾次槽，職場新人的心理危機並沒有解決，最後他只能窩在家中，對著電腦描述他的空想藍圖。

專家建議，父母對幫助子女樹立對待社會、人生的正確態度，是影響甚大的。他們可以鼓勵和教育剛遇到適應困難的孩子：不管是什麼挫折，都是對你的一次歷練，進而幫助孩子養成相對樂觀、積極的心態，正確化解衝突，並在此過程中完成人格和能力的雙重成長。

Eight 從兩個實例看「適應性心理障礙」

潘陽一位男孩曾以理科640分的高分成為區裡的高考狀元，但如今卻被大學責令退學在家，心理受到刺激的他揚言「殺死母親，掐死表弟」；遼寧某重點大學的一位女高材生在去外地讀研究所前接受心理輔導，見到心理醫生時竟羞澀地拉著媽媽的衣襟。

潘陽市一位著名青少年心理問題專家張峻銘說，自己在進行心理諮詢時遇到了這兩種病例，屬於「適應性心理障礙」，在青少年包括大學生中出現這樣心理疾病的人越來越多。他認為，高分低能是應試教育的瓶頸，應該引起有關方面的重視。

這位男孩是潘陽市99級理科某區的高考狀元，由於當年高考後估計失誤，他的母親沒有在高考志願表上填報「清華大學」。結果分數可以上清華大學的這個男孩無法念理想大學，最終被北京另一所大學錄取。

據張峻銘說，在這位男孩的世界裡，「只有考上清華大學才能出人頭地」，這種思想使他在大學四年裡，經常蹺課上網，各科成績不好。去年初，這位「孤傲」的男孩因為瑣事與同學大打出手，結合以往不良的表現，他被校方責令退學。回家後，他把母親看成「毀了他一生的人」，經常用惡劣的態度對待自己的母親，還經常做一些攻擊行為。這位男孩曾告訴母親，要掐死表弟，因為舅舅四年

前不支持他報考清華大學。

　　張峻銘對他的心理指標進行測試時發現，這位男孩的敵對指數是3.17，正常值在1.5以內，精神因數值為1.6，正常應在1.2以內。張峻銘據此指出他目前已處在適應性人格障礙引發的攻擊性人格障礙階段，但透過一段時間的心理輔導，症狀會減輕直到消失。

　　適應性障礙是大學新生常見的一種心理障礙。考上大學本是人生一大樂事，但有些同學進入大學後，面對新的學習環境、新的生活和新的老師與同學，不僅沒有產生自豪感、愉悅感，反而內心鬱悶，情緒低落，無所適從，甚至出現身體上的不適症狀，進而導致學習及生活能力減退，對學習和生活造成不良影響。

　　適應性心理障礙主要表現為情緒障礙，也可伴有行為障礙或生理功能障礙。大學新生適應性障礙主要表現在以下幾個方面：

　　一是情緒障礙，高中階段的那種奮進精神和熱情消失殆盡，有「船到碼頭車到站」的想法，對什麼事都不感興趣，出現睡眠障礙、食欲減退等，有些自認為考得不好或錄取學校不理想的同學還會產生自卑、自責的心理。

　　二是焦慮傾向，面對新生活，不知所措，無所適從，情緒緊張不安，心煩意亂，也會有心悸、呼吸不暢等症狀。

　　三是社會性退縮，不願融入新的團體，逃避現實，躲避社交活動，怕與陌生人交往，習慣獨來獨往，閒暇時喜歡閉門獨處，

學習能力、生活能力在這種退縮和孤獨中減退。

四是行為障礙，會出現一些違反校紀校規以及社會道德規範的行為，如翹課、曠課、遲到、尋求刺激等，而其中許多人在高中階段則很少出現這種不良行為。

五是身體不適，出現不同程度的頭痛頭暈、噁心嘔吐、腰酸背痛、肢體麻木、食欲不振、消化不良、腹痛腹瀉等症狀。

如果遭受不良生活刺激，又具有易感素質，加上適應能力差，便可導致適應性障礙的發生。針對大學新生而言，誘發其適應性障礙的直接原因主要有個體心理素質不良和環境變化兩方面。具體的因素因人而異，如：升學既定目標未能實現、對新學校感到失望、對新的學習方式或管理方式不適應、遠離親人得不到親情的撫慰、原有的優勢喪失（如高中階段處處「冒頂」，但天外有天，進大學後卻在某些方面比他人遜色）、城鄉學生巨大的文化差異、貧困生的經濟壓力等均會使剛進大學校門的新生產生心理落差，如果調適不當，不能及時排解內心的不良情緒，便會產生心理偏差，繼而形成心理障礙。

在張峻銘門診的心理障礙患者中，還有一個病例令人吃驚。這是遼寧一所重點大學的女高材生，大學四年連續多次獲得一等獎學金，學業成績優秀。從小飽受「呵護」的她在考上北京一所大學的研究所後，母親擔心她未出過遠門，不適應新的環境，於是領她來到張峻銘的心理門診。

　　張峻銘門診多年從未看過的一幕出現了：這位女生進入心理諮詢室時，母親走在前面，22歲的她竟是拉著母親的後衣襟走進來的；在與張醫生的20分鐘交談中，這個女生總是眺望門外的母親，她前後總共說了八句話，主要卻是張醫生在問。

　　兩種特殊的病例令見多識廣的張峻銘也十分感慨。他說，一個優秀的學生，可以成為高考狀元，可以連續獲得一等獎學金，但是在社會適應能力和人際關係上，卻是一個「低能兒」，這應引起教育界、心理學界的關注。造成這種現象的原因有很多，但重要一點是對分數的過分看重，此外家長、老師認為孩子考試成績好，給大人「爭光」，往往忽視了對孩子綜合素質，尤其是心理素質的培養。

　　適應性障礙在大學新生中較普遍，但大部分人隨著時間的推移會逐漸排解，通常多在半年內慢慢消除。為了將其消極影響降到最低限度，新生入學前，家長或老師要給予這方面的指導，防患於未然，盡可能避免產生適應性障礙；入學後，學校要對新生給予更多的溫暖，提供必要的幫助，家長則需經常與子女保持書信或電話聯繫，使其獲得更多的感情慰藉。如果適應性障礙症狀比較明顯，則應採取相對的治療措施，可視情況進行支援性心理治療、認知療法及行為治療，並可適當服用一些鎮靜安神類的藥物，以調整情緒，促進睡眠，消除身體的不適，同時要定期進行心理諮詢，直到正常為止。如果出現較為嚴重的焦慮、抑鬱症狀，則需配合藥物治療。

$\mathcal{Nine}$ 一週不使用簡訊，七成人便會感不適應

現在，很多人對簡訊的依賴已經非常高了。就拿我來說，我每天要接到十幾則甚至二十幾則簡訊，有家人的、朋友的，同事的、還有自己訂的天氣預報、新聞資訊等等，簡訊對我來說已經是不可缺少了。那麼，如果一週的時間無法使用簡訊，您是否會覺得不適應呢？針對這個問題，我們在北京街頭做了一個採訪。很多人都表示如果一週無法使用簡訊會受不了，有的人甚至說會瘋掉。

其實在採訪之前我們也想過，如果一週不使用簡訊，可能有些人會覺得不太適應，但沒想到有這麼多人會有這麼強烈的反應。不過我們採訪的都是一些年輕人，可能他們對簡訊的依賴程度更高些。而針對這個問題，我們也在網路上做了一個調查，48小時內共有一萬多人參與了我們的調查，使用網路進行調查是因為專家認為，使用網路和使用手機的是同一族群。來看一下調查結果：

如果一週內無法使用簡訊，您是否會感到不適應？

1. 不太適應，心裡會不舒服 56%。

2. 無所謂，不影響生活 24%。

3. 很不適應，無法忍受 20%。

只有24%的人表示「無所謂，不影響生活」，而加起來76%的

人會覺得不適應，甚至是「非常不適應」。這的確是一個很驚人的數字。按照這個結果換算一下，中國3億多的手機用戶中就有兩億多用戶對簡訊非常依賴。我們還發現，亞洲人比歐美人更喜歡使用簡訊。

在這裡，我們給您提供一個很有意思的資料，這是2005年幾個國家分別針對手機用戶發送簡訊數量所做的調查：

日本 每人每天簡訊量4.5則

中國 每人每天簡訊量2.5則

韓國 每人每天簡訊量2.43則

德國 每人每天簡訊量 0.54 則

英國 每人每天簡訊量 0.23則

美國 每人每天簡訊量 0.14則

可以看到，排在前三位的都是亞洲國家，而中國僅次於日本排在第二。中國人交談較含蓄，點到為止，簡訊恰恰切合了這種傳統的交談方式，而這種特點在整個亞洲國家的人群中都有一定共鳴。

為什麼這麼多人不喜歡打電話溝通而更喜歡傳簡訊呢？與打電話等方式相比，傳簡訊有什麼與眾不同的優勢呢？我們先來看看下面這個故事。

2005年2月1日深夜，從呼和浩特至山東臨沂的長途大巴車上，睡得正香的楊鴻雁忽然被來自下鋪的嬰兒哭聲驚醒。

楊鴻雁說：「當時聽到小孩哭聲以後，下面一道亮光，我一看是個小男孩，真的很小很小。50多歲的一個男的把手電筒打開了，他用手電筒照著幫小孩擦擦屁股，換了換紙，也沒用家庭用的尿布等，沒有，當時我就很懷疑，覺得他不像是（嬰兒）自己家的人。」

而接下來發生的事就更加重了楊鴻雁的疑心，下鋪的那個男人竟然用車上的被子把孩子全部蒙了起來，連頭都沒有露在外面。這時，一個可怕的念頭突然出現在楊鴻雁的腦海中，這個人會不會是賣小孩的「人口販子」呢？天亮後，同事小劉的發現再次讓楊鴻雁的心七上八下。小劉說，她這邊的下鋪也有一個包裹裡面包著兩個嬰兒，而且也全被蒙住了頭。一想到這些人是「人口販子」，身為母親的楊鴻雁立刻想到了報警。可是她馬上想到，這些人的鋪位離她這麼近，如果用電話報警，不僅容易打草驚蛇，很可能還會把自己置於危險的境地。就在楊鴻雁猶豫不決的時候，同事張耀武從濟南傳給她一則問候簡訊，這一下子給了楊鴻雁靈感，她決定傳簡訊求助。

楊鴻雁說：「我按照傳簡訊的方式，傳給他的第一則簡訊就是：我們車上有3個男人，帶著3個一個多月左右的孩子，很可疑，你說該報警嗎？」

隨後，楊鴻雁又接連傳出了幾則簡訊，向同事詳細描述了車上的情況，並藉下車吃飯之機記下了車牌號碼。在楊鴻雁傳出第三則簡訊的時候，同事張耀武已經向濟南110和山東省公安廳報了案。

楊鴻雁說：「我一看既然他報警了，我要把更詳細的資料以簡訊的方式傳送出去，只能他那邊跟警方聯繫，我這邊是不可能的。所以我就告訴他，我們從濟南西下，讓員警從濟南西等著我們就行了。」

經過周密部署，最終，警方從大巴車上抓獲了5名犯罪嫌疑人，並成功解救了5名被拐賣的嬰兒。

在同一個車廂內，犯罪嫌疑人就在你身邊，打電話報警就等於是給犯罪嫌疑人報信，而傳簡訊又快又隱蔽，神不知鬼不覺的就報了案，你看，這就是簡訊的特別之處。那麼，有這麼多人喜歡簡訊，甚至有76%的人一週不用簡訊會很不適應，他們的原因又是什麼呢？針對這個問題，我們也做了一個調查，這是一個多項選擇：

您使用簡訊代替電話的原因是什麼？

1. 溝通方式特殊 61%。

2. 自由 48%。

3. 省錢 43%。

4. 簡潔 18%。

我們原來以為省錢會是最主要的，沒想到它只排在第三，而溝通方式已經成為大多數人選擇簡訊的主要原因。應該說，不知不覺中我們對簡訊已經越來越依賴了，而它也的確給我們的生活增添了不少樂趣，有76%的人甚至一週不用就會不適應。

$\mathcal{T}_{en}$ 留學不適應，
回國找醫生

2006年春節，武漢大學人民醫院精神衛生中心王高華教授遇到幾名罹患「留學病」的學生。

正月初二，一名在德國留學回家的男生黃某找到王高華教授，宣稱自己「在德國總睡不著，非常焦慮」。在仔細詢問生活史和症狀後，王教授分析黃某主要是國外的環境不適應造成的。原來，黃某高中畢業後，就被父母送到德國讀大學。然而，在德國生活、飲食等都不習慣，而且語言溝通也有障礙。結果去了半年，他的精神一直委靡不振。

另外兩名分別從新西蘭、澳大利亞留學回來的學生，也有相同症狀：在國外感覺在混日子，精神不振。

無巧不成書。王教授還遇到一名長期在國外生活，現在派到國內工作的上班族，他的感受卻是「在國內不適應」。

「留學生感覺不適應，回國找心理醫生諮詢，這在以前還是比較少見的。」王教授建議，家長應充分「考察」子女所去留學國家的生活等各方面情況，然後再做決定是否留學，切勿草率行事，最終得不償失。

Eleven 小孩普遍不合群，
關鍵還是適應的事

　　孩子不合群問題，在目前兒童發展中是比較普遍的，也引起了不少研究者和教師的關注。從心理學的角度看，這是一種孩子對幼稚園生活適應不良的表現。

　　我們知道，任何環境的變化，都會對孩子的心理造成不同程度的影響。對孩子來說，上幼稚園是一種全新的環境變化。孩子能不能很好地適應這種變化，能不能很好地面對新的生活環境，直接影響到他（她）各方面的發展。對此，每個孩子都需要有一定的適應期。但相對而言，有的孩子適應得更快，而有的孩子則很有可能因為各式各樣的原因而出現適應不良問題。孩子不合群也是一種對幼稚園生活適應不良、沒自信的表現。

　　孩子身上出現的這種問題，有十分複雜的原因，需要多方面的努力。首先，孩子是否有適應新環境的心理和情感基礎是關鍵。大量的研究發現，父母是否為孩子提供熟悉新環境的機會直接影響孩子的適應。不但在孩子進入新環境前，父母要積極引導孩子逐步地、由外至內地觀察新環境，熟悉將要面對的人和物；即使是在孩子已經進入幼稚園後，家長也要給予格外地關注，不能馬上從孩子的新生活中撤退，更不能把孩子「扔給」幼稚園、「徹底地」交給老師。更為重要的是，家長要注意自己與孩子交

往的方式，注意和孩子形成一種積極、安全的交往模式，爲孩子適應新環境創造心理和情感基礎。國內外有關依戀的大量研究發現，在關心、少控制、多耐心引導的家庭環境中成長的孩子更有一種良好的「準備狀態」，更勇於和容易面對新事物，適應新環境。

其次，孩子在幼稚園不合群、沒自信與自身能力也有很大關係。研究發現，能力的提高直接影響孩子自信心的程度。因此，家長可以有意識地觀察孩子，提高和培養孩子在這些方面的能力，以此來提高孩子的自信心，增強孩子的交往能力。

同時，孩子與教師和同伴的交往模式也是十分重要的。我們曾跟蹤觀察了一個在幼稚園三年從不說話，但一出幼稚園就說個不停的孩子。發現孩子之所以在幼稚園不說話，是因爲在最初進入幼稚園時她曾目睹老師嚴厲批評另一個小朋友。這一經歷對她觸動很大，結果在沒有和老師正面接觸前就十分畏懼老師和團體生活，自然很難適應幼稚園生活了。因此，家長要與教師多交流，多合作，並有意識地觀察孩子與老師的交往模式，給予積極地指導，這對於改善孩子的這些問題也是十分重要和有效的。

Twelve 所長無用的魯國人

有個魯國人非常擅長編草鞋，而他的妻子十分擅長織白絹。

有一天，他想搬遷到越國去。不過，他還拿不定主意，於是找朋友來商量一下。

這時，一位朋友對他說：「你到越國去，一定會貧窮的。」

「為什麼？」

「草鞋，是用來穿著走路的，但越國人習慣赤足走路；白絹，是用來做帽子的，但越國人習慣披頭散髮。憑著你的長處，到用不到你的地方去，這樣，要使自己不貧窮，難道可能嗎？」

魯國人搬遷到越國的計畫就暫時擱置了。

這個故事告訴人們：一個人要發揮其專長，就必須適合社會環境需要。如果脫離社會環境的需要，其專長也就失去了價值。因此，我們要根據社會的需要，決定自己的行動，更好地發揮自己的專長，才能有所成就。

$\mathcal{T}hirteen$ 曲高和寡的宋玉

「現在不少人對你有意見，你是不是有什麼不對的地方？」

宋玉拐彎抹角地回答說：「有位歌唱家在我們都城的廣場上演唱，唱《下裡》、《巴人》這些通俗歌曲時，有幾千個聽眾跟著唱起來；當他唱起《陽河》時，跟著他唱的也有幾百人，而當他唱《陽春》、《白雪》這類高深歌曲時，能跟著唱的只有幾十人；等他唱起那些悠揚婉轉、曲調十分困難的歌曲時，能跟著唱的只有幾個人了。從這裡可以看出，曲調越是高深，能跟著一起唱的人就越少。」

要隨著周圍的環境來發揮自己的專長，這樣才能適應周圍的環境，得到大家的呼應。

Fourteen 不朽的「不適者」

　　適者生存，這是一條顛撲不破的真理，但是社會的進步卻是由無數「不適者」推動的。

　　西元前4世紀，奴隸社會處於沒落期，貴族們卻毫無警覺，繼續尋歡作樂；而「不適者」商鞅不與這社會妥協，艱難地推行著變法；當無數人沉醉於男尊女卑的社會倫理中，賈寶玉第一次道出了「男人是泥做的骨肉，女子是水做的骨肉」；當20世紀50年代，全國上下齊唱「人多力量大」導致人口激增的時候，學者馬寅初就提出了中國必須控制人口增長；在黑暗的令人窒息的中世紀，是「不適者」布魯諾、伽利略等自然科學家為之帶來了一絲絲微弱的亮光……

　　而他們在當時都是一些「異類」，備受世人的爭議。在這些人之中，很少有人被當時的社會所認同。反之，有的人被殺頭，有的人被關進監獄，有的人被送進了瘋人院，有的人甚至被推上火刑柱……而促進時代和社會前進的恰恰就是這些「不適者」。商鞅死後，秦國不斷壯大，最終統一六國，建立了中國歷史上第一個統一的封建國家；而今，布魯諾、伽利略的思想熠熠生輝……

第四章
適者應有的境界

一些有才華、有特長、有獨立探索精神的人，如果適應不了「人際場地」，他們的才華和特長也就隨之埋沒在這種場地之中了。另外，在中國還有一個特殊「場地」名叫官場。翻開中國的官場史，凡不適應這種「場地」的，輕者遭革職被貶謫，重者遭牢獄被殺頭，甚至株連九族；適應「場地」的，則步步高升，榮華富貴，直到雞犬升天。

One 適應也是一種人生觀

　　經常聽到有人嘆息生活的冷漠無情，生活中也確實有不少人在為挫折、為磨難而感受著痛苦。但是，仔細想來，我們對生活的理解，也是一種感受，粗茶淡飯布衣葦帶，有時會勝過玉盤珍饈綾羅綢緞。

　　生活中，如果我們能夠放寬視野，開闊胸襟，那麼，我們總會發現，生活的基調一如春的美麗、溫柔，飄逸的春風永遠會蕩漾在人間。

　　在與一些朋友的交談中，總會接觸大量的人際矛盾問題，在充斥著一種陰沉、緊張甚至是相互仇視的氛圍裡，人的心理感受往往是壓抑和痛苦的，在這種心理狀態下，人難以感受到生活的幸福和美滿。由此可見，生活需要一種溫馨、和諧的氛圍。而營造這種生活氛圍，則需要每個生活中的人學會適應身邊的環境。

　　我曾經在網路上看過一則小故事：有一隻烏鴉打算飛往東方，途中遇到一隻鴿子，雙方停在一棵樹上休息。鴿子見烏鴉飛得很辛苦的樣子，關心地問：「你要飛到哪裡去？」烏鴉憤憤不平地說：「其實我不想離開，可是這個地方的居民都嫌我的叫聲不好聽，所以我只好飛到別的地方去。」鴿子好心地告訴烏鴉：「別白費力氣

了！如果你不改變你的聲音，飛到哪裡都不會受歡迎的。」

這則故事則告訴我們：如果你無法改變環境，唯一的方法就是改變你自己。

可是，現實生活中，我們卻很少能夠做到改變自己，而當遇到挫折和困境時，就會產生鬱悶、煩躁的情緒，感到生不逢時，怨天尤人，凡事好像都與自己過不去似的。其實這樣的人在我們身邊比比皆是，前兩天到醫院去看望一位退休的老朋友，因為心臟不好躺在病床上，正在打點滴，看到我們就開始抱怨：「別的公司退休人員的退休金比我們高，聽說××公司又給退休人員提高待遇了，我們這些人乏人問津……等等。」一大堆問題都出來了，躺在病床上的人還不時有些激動。為了他的心臟，我們趕緊勸他好好休息，別想那麼多，身體重要等等一類安慰的話，其實，我們也知道這些話對他來說等於沒說，但是，我想如果他不選擇適應社會、適應生活環境的話，沒有一種平和的心態的話，那麼必定不利於他身體的恢復。

說穿了，人在生活中誰也免不了碰到煩心事，確實，在我們

的日常生活中，有很多很多的事情，困擾得我們心神不寧，真可謂才下眉頭卻上心頭，偏偏生活中許多人過得特認真，大事、小事他樣樣都掛在心上，老是掛念那些亂七八糟的事，其實也就是一種生活態度問題。

宋朝有個叫無門慧開的禪師，寫了一首傳誦千古的偈：春有百花秋有月，夏有涼風冬有雪；若無閒事掛心頭，便是人間好時節！

由此看來，學會用一種坦然的心態面對各種閒事，努力學會去適應身邊的環境，做到淡泊、平和，那麼在生命的旅程中，就不會是唯一孤獨的旅人。

Two 適應就是人生的聖經

　　人的一生實際上就是一個不斷適應的過程。適應的問題無時不在，不可避免地存在於我們的生命歷程中。生活不可能靜如止水、波瀾不驚，我們時時都會面對各種變故；生活不可能總是一帆風順、一馬平川，我們也會遭遇失敗和挫折；生活不可能總是如歌行板、水鄉夜曲，我們也會碰到厄運和災禍。當變故出現時，當失敗和挫折發生時，當厄運和災禍降臨時，我們面對的首要問題便是：學會適應。

　　適應是一種接受。由於我們老愛依戀昔日的安逸，懷念過去的清靜，當客觀現實發生變化時，我們便不願走出昨天，去面對這種現實，接受這種變化。當某一天被告知裁員，我們不願相信自己已沒有了飯碗；當如膠似漆的戀人突然移情別戀，我們不願相信他（她）已與自己散盡了情緣；當親人突然辭世，我們不願相信他（她）已經遽然遠行；當一筆滿以為會大賺一把的生意搞砸了，我們不願相信自己竟然虧了血本……不願接受，其實就是不願失去曾經擁有的：擁有的一份令人豔羨的工作，擁有的相知相惜的戀人，擁有的相依為命的親人，擁有的經營頗佳的生意。然而生活由不得你，時光由不得你，我們要生活下去，就必須接

受生活中種種不願接受的變化。接受，就是在心理上認同，情感上容納；接受，就是走出「懷舊」情結，及早消除負面情緒，面向未來，重振旗鼓，重新上路。

適應也是一種放棄。人生有所失才會有所得，只有放棄一部分，我們才會得到另外一部分；只有放棄某種我們憑「慣性」固守著的東西，才會得到另一些真正裨益人生的東西。失業了，就應轉變就業觀，放棄腦子裡根深蒂固的面子觀念，到更廣闊的就業天地裡去找生計；棄政而從商，到「海」裡撲騰了，就得放棄機關優厚、舒適的工作條件；進入了婚姻「圍城」，就得放棄單身時的逍遙灑脫、自由自在……要適應一種生活，就必然得放棄某些觀念和欲望。放棄得當，我們才會解脫種種有形或無形的羈絆，打破種種思想上和行動中的禁錮，甩掉「包袱」，輕裝前行，更快、更好地進入「適應」的角色。

適應更是一種挑戰。每一次適應，必然是一次嚴峻的自我考驗和自我挑戰，甚至是一種撕心裂肺的整合，一種脫胎換骨的磨礪：當情斷花季、親朋病故，如果我們不經過一番激烈的思想抗爭和心理調適，怎麼能掙脫傷感情懷？面對各種困厄的際遇、飛來的橫禍、突至的挫折，如果我們不堅挺不屈，奮力殺出一條血路，又怎麼能走出逆境？……挑戰，是對自身各種弱點和缺陷的無情開火，是對意志、性格、能力、水準的綜合檢閱。挑戰的過程就是一個戰勝自我、完善自我、超越自我的過程，取得了一次挑戰的勝利，我們也就實現了一種「適應」。

　　適應也是一種選擇、一種拼搏、一種磨練、一種洗禮、一種鳳凰涅槃的焙烤，一種千錘萬擊的鍛造。因此，適應必然是痛苦而艱難的。生活中，一些人便常常面對種種變化而畏縮、膽怯，不願適應，於是他們或在厄運面前一蹶不振，或在挫折面前自暴自棄，使人生蒙上了陰影。其實他們應該明白，適應是人生別無選擇的課題，與其被動適應，不如主動適應。能否懂得「適應」和是否善於「適應」，正是檢驗人們的才智、勇氣的一塊試金石。懂得和善於「適應」者，處處搶先，無往不勝，事業節節成功，人生臻於圓滿；反之，則步人後塵，碌碌無為，難有建樹。

　　因此也可以說，適應是金。正是在不斷的適應中，我們堅定了意志、磨練了毅力、增強了自信、培養了才幹、開拓了眼界、增長了見識、豐富了閱歷，進而不斷成長，不斷成熟。也正是在不斷的適應中，我們咀嚼了酸、甜、苦、辣，遍嘗了人生百味，飽覽了人生風景，體驗了成功喜悅，進而充實了人生的內涵，豐富了生命的色彩。

　　如果說人生有什麼金科玉律的話，那麼可以說「適應」就是我們的聖經。如果說我們是永遠的歌者，那麼「適應」則是人生一支不歇的歌。讓我們從風雨和坎坷中學會適應，在適應中去顯現人生的風流，譜寫人生的華麗樂章吧！

Three 適應，
要有精準的方向感

100多年前，紐約證券交易所創立時掛牌的上市公司，目前碩果僅存的是GE。但是，看一看現在的GE與發明家愛迪生創立的GE，業務範圍毫無共同之處。除了公司名稱沒變，幾乎什麼都變了——這是他們適時應變的結果。

現在的企業家都在談要做百年企業，GE就是百年企業的典範。GE之所以能夠成為百年企業，在於它在每次環境變化的關鍵時刻重塑金身，把握了變化的方向感。

「方向感」是一個比「創新」更重要的語詞。當企業家談創新時，可能是為了創新而創新，是失去方向的創新。有了方向感，創新才有價值。有了方向感，才算找對了在哪個主要方面適時應變。

第一次聽說「方向感」這個辭彙，就被簡單的三個字征服了，更何況說這句話的是一個飽經滄桑企業的老闆。為了讓我理解這個辭彙，這個老闆說了幾個故事：

故事一：在中國革命處於低潮時，黨內出現了質疑「紅旗到底能扛多久」的聲音，毛澤東特別撰文，發出了「星星之火，可以燎原」的強音，及時把握、引導了黨的方向。

故事二：紅軍長征途中，當紅一方面軍和紅四方面軍匯合時，

張國燾提出向西走，毛澤東提出北上奔赴抗日前線，毛澤東得到了將領們的擁護，又一次在關鍵時刻把握了方向。

故事三：中國人民解放軍打到長江邊時，有人提出「劃江而治」的方案，國際社會也給中國共產黨施加了很大的壓力。毛澤東在此時果斷提出「打過長江去，解放全中國」的響亮口號，再一次把握了方向。

這位老闆的觀點是：身為一個決策者，每當面臨關鍵時刻，一定要有方向感。方向錯了，一切都錯了。沒有方向感的適應，不是適應，而是盲動。

Four 要適應好的，
別適應壞的

人們的心理活動總是存在著適應問題。進入異鄉出來乍到，處處感到不習慣，時間一久就「入鄉隨俗」了，幾年之後話語也變成異鄉的語調。

社會在不斷發展、變革，人們的心理狀態也隨之改變。「文革期間」一些「理論」口號，許多人久久不能接受，甚至不能容忍而走上絕路。現在處於改革開放的大潮中，有些人也感到不適應。

在變態心理學中有一個名詞叫做適應不良，這是一種病態，當然適應良好就是正常了。關鍵就在這個「適應良好」上。

多數人的適應性是良好的，不然多數人就心裡不正常了。可是「適應」沒有「極性」，也就是說對好的事物可以適應，相反，對壞的事物也能適應。

現在先說對壞的事物的適應：第一次抽煙給人的感覺是辣且難聞，抽慣了不但不辣且聞到煙味有一種口渴欲飲之感，並且抽的次數日趨頻繁，要求煙的刺激性越來越大。

人們看到一種不良或者是壞現象之後，起初非常反感，時間一久，逐漸適應，最後也就習以為常，至少反感的情緒不像當最初那樣強烈了，最終就發生了習俗和看法（理論）上的改變。男女戀人

之間的接觸方式就存在著這樣的問題，早年，人們所信奉的是，男女授受不親。如果男方把一件東西直接遞到女方手裡，就認爲是不正常的行爲，情感上不能接受，後來逐漸適應了。20世紀50年代，一對男女手挽著手走在校園裡，一般人在心理上不能適應，多數戀人不這樣做，認爲不雅觀，後來適應了。文革以前，如果一對戀人在校園裡公然擁抱，多數人情感上不能接受，現在很少有人對此產生抵觸情緒。尤有甚者，非夫婦男女在性方面的接觸，以往是絕對不能容忍的，現在竟然討論起大學裡是否應該公開出售避孕工具，非夫婦男女打工者，同租一房好還是不好的問題來了。一些人對此不加指責，電視螢幕上一位有夫之婦和一位男性一起和諧同住，人們也不以爲然了。

再說對好的事物的適應：隨著生活水準的不斷提高，人們對吃、穿、住的要求也「節節」提高，這裡用「節節」表示兩種意思，一是說這個「節」是豎立起來的，第二節比第一節高；第二層意思是說，如果從第二節降到第一節，人們感覺到明顯的下降，心理上會產生不滿。

這使我想起生物回饋的實驗研究中，有一個名詞叫做「活動基線」，指的是這種情況：當訓練一個人增加其心率時，如果它的心率一分鐘之內能增加3次，就給予他回饋信號，讓他知道心率在增加，然後一次爲基線，進一步要求他心率增加，如果能夠達到每分鐘增加3次，又給予他心率增加的回饋信號，這個「基線」處於活動狀態，不斷增加。

人們對物質生活的要求，就處於「活動基線狀態」，要求是「節節」高的，而且往往是處於高水準之後，很快就適應了，就不感到高了，認為很平常了，甚至開始不滿了，要求進一步提高，否則就牢騷滿腹。

　　當然這有積極的作用，可促使社會不斷發展，可是，這對後代的成長帶來很大麻煩。父母應當清楚的認知，兒童（不僅兒童還包括所有人）的要求就存在著「活動基線」的問題，當你滿足了他的初級要求之後，時間一久，他就適應了，不以為然了，當你滿足了他的中級要求之後，時間一久，他又適應了，循環往復，最後的結果還是不滿意。

　　父母對待子女一定要立足於教育，不要立足於「一味滿足」。怎樣教育呢？一方面透過說服，擺事實、講道理，更重要的要設法給子女經歷一段艱苦磨練的時間，否則孩子根本不知道什麼是苦、什麼是甜。單純靠看電影、參觀訪問是不夠的，一定要親身經歷。

　　孔子2500多年前就強調「居安思危」，說明他早就注意到「適應」所可能產生的不良後果。古人提出「知足者常樂」，說的也是這方面的問題。願社會各界人士高度注意心理適應這個問題，防止它的消極作用。

$\mathcal{F}ive$ 要培養既能適應社會，
也能適應自己的人

中國把培養出適應社會發展的人才作為教育的重點，這並沒有錯，錯就錯在當我們以此作為教育的目的的時候，我們往往只看到事物的一面，而看不到另一面。教育的目的應該是：培養既能適應社會也能適應自己的個人。

何謂人才？在中國把適應社會發展和為社會做出貢獻的謂之人才。而如何衡量一個人是否適應社會的發展和為社會做出多大的貢獻呢？中國的主流觀念是：可以在這個社會取得成就和成功的人，就是適應社會的人，其貢獻也最大。於是，中國教育以培養取得成就和成功的人為目的。

而我們的社會本身就有問題。我們以為那些高分而能力不足的學生將難以適應社會的發展，其實不然，那些不會考試僅憑一身武藝技術的人其實更難適應社會。我們從小學讀到國中，再到高中、大學，一路走來，靠的是什麼？你如果不是韓寒，就得乖乖的去做題，去考試。考試是學生的法寶，只有拿到高分，才能讀個市一級，省重點，最後清華、北大。上了清華、北大的人，不管你是癩蛤蟆還是天鵝肉，一律謂之人才。只要你不是劉海洋或者馬家爵之類，只要你拿到那張畢業證書，走出社會你就必定路路亨通。因為那些老闆們，那些招募者們，第一眼是先看你文憑，知道你是哪路神鬼後，再瞄一下你本人。如果你的文憑上寫著你是1.3公尺，那麼就算你長到3公尺他們也視而不見。前段時

間在廣州一個大型的招聘會上，多如牛毛的大學生抱著巨大的熱情來應徵，可是那些招募者就只顧收簡歷，其實意思很簡單：管你是牛鬼蛇神，看看你的文憑再打算。

我敢說，拿到文憑的人更容易適應社會，因為社會本身就是問題。人們為了適應這個競爭的社會，陷入惡性的循環中，這個後果是災難性的。

教育成了一個模子，出來的學生就像剛從生產線上下來的機器，專會考試的機器。這些機器們經過了無數的考試後，臉上掛著笨重的眼鏡，面無表情，麻木不仁。老師和父母為了讓學生取得成功，向學生施加重重壓力，學生們除了作業還是作業，考完一科又來一科，剛補完課又補課。中國的初等教育變成了一種透支，學生們在重重的壓力下，透支了自己的身心健康，透支了自己的快樂，透支了自己的青春。學生們拼命的競爭，拼命的努力，當他們變成考場高手時，考試的難度也必定隨之加大，學生再努力，難度再大，如此惡性循環。可是成功者永遠都只有那幾個，能考上清華、北大永遠是那幾個。無數的學生透支了自己的一切，卻一無所有，只把自己變成了不像人樣的考試機器。這就是中國的悲哀。

我不敢說中國現時的教育模式下培養出來的都是高分低能的考試機器，但在「教育的目的是為了適應社會」這種觀念下，就算我們可以培養那些有能力的學生，也是一種透支，健康的透支，快樂的透支。我們的學生為了適應這個競爭社會而透支了自己的一切。我們看到，一個孩子剛開始上學時，他就失去了自己童年應有的快樂。在老師和父母的壓力下，他必須馬上為適應社會的競爭而努

力。

就算我們把應試教育改成素質教育，問題還是沒有解決，當一個孩子為了提高自己的素質而透支自己應有的快樂和健康時，所謂的素質教育也變得跟應試教育一樣。

我們大喊要實行素質教育，大喊要減輕學生負擔，而且不斷的改革體制。但應試教育還是大行其道，學生們還是苦不堪言。為什麼會這樣？因為這不僅僅是體制問題，而是整個社會教育觀念上的問題。我們把社會當作主體，以培養適應社會的學生為目的，無疑是把教育引向一條災難之路。

教育的目的是培養人，培養健康、快樂，勇於改造社會的人。人類發展的過程是讓環境不斷適應自身的過程，而不是適應環境的過程。

「百年教育，以人為本」，但我們卻沒有以人為本，而是用社會的模式來培養人，這是個天大的錯誤。在很多發達國家，教育是要讓孩子過得健康、開心、幸福，至於孩子取得什麼成就則是次要地位。

當然適應個人自己的同時也必須適應社會，但適應個人自己應處於重要地位。教育最重要的是培養健康、快樂的個人，而培養有能力和適應社會的人次之。

我很高興看到中國教育體制的不斷改革，我更希望中國人在教育的觀念上有所改變，教育的目的是培養出適應自己的人，讓他們去適應社會，改造社會，讓社會更適應人的發展。

Six 一味適應可利己，
來點改造能利他

　　中國人早期的哲學，崇尚與自然的和諧。老子無爲，孔子中庸，都體現了這一思想。中國人經過幾千年的文化沉積，這一思想早已根深蒂固，所以中國人有很強的適應能力。適應自然，適應社會，應該說，這也不是什麼缺點。與此對比，西方人更注重去改造自然，征服自然。不論從他們征服海洋，到處侵略擴張，都能清晰地體現出來。應該說這也不是什麼優點，只是兩種文化的不同而已。

　　不過，對中國人的適應性，我們不能不心存一些思考。這種適應性如果超過了限度，會不會導致故步自封，不思進取，知足常樂的傾向。特別是看到當前很多越演越烈的適應性現象更是讓人擔憂。

　　就拿婚姻來說。中國流傳一句話：五〇年代嫁農民，六〇年代嫁工人，七〇年代子弟兵，八〇年代嫁文憑，九〇年代嫁大款，進入二十一世紀初又有了種種新的目標，我並不認爲中國人會真正不愛財、不愛權，卻愛什麼農民（我並沒有小看農民，相反，還對農民感到不公）。只不過是對某種政策的適應罷了，並不出於自己真正的喜好。終於，改革開放了，一切都放開了。中國人又回到了去嫁大款上。這並不是什麼好事，但至少是去掉了些虛偽，露出了人

的本性。可見，中國人的適應性之強。有人很讚賞這種適應能力，稱之為「實際」。在現實面前，中國人是實際多了。在五、六〇年代，貧農就是出身好，底子硬，不管你喜不喜歡，就得去嫁。好像一下子粘到了貧農的邊，地位就抬高了一大截。確實是「實際」。甚至，有些人恨自己上一代不是貧農。這種看似怪誕的事也算是中國的特色了。

聽說在辛亥革命時期，許多從前的地方軍閥，一聽說孫中山革命了，清朝要滅亡了。拿起一根竹竿從衙門上捅下一片瓦，就對外通電，自己也革命了，再在門前立個軍政府的牌子，立刻就變成了革命者。但他們能見風轉舵，順應潮流，也可謂是適應性強了。只是如果革命失敗了，清朝復辟了，他們又可以立刻變回來。再適應新形勢。雖然這種適應性，有一種變色龍的味道，卻只有這些人能深藏不露，官運亨通，左右逢源。只有一個叫張勳的保皇派，硬是不剪辮子，要留住這根清王朝的根。雖然他是走錯了方向，但多少還有點堅定的遺風。不能不讓人刮目相看。還有一個就是文革時期的梁漱溟，聽說他硬是不聽那些造反派的話，要與毛澤東爭論，只是結果也不太好，受了不少的罪。我不

能不敬佩這位被稱之為骨頭最硬的知識分子。

曾看過一篇報導：英國法律規定，英國兒童必須參加幾種全國統一的考試。也就是相當於中國的高考吧！可能是考試不夠科學，也可能是其他原因，總之，這項法令受到了很多家長的抵制。他們承受著受處罰的壓力，也不要孩子參加這種考試。而同樣的情況，在中國發生了。中國家長卻是讓孩子拼命苦讀，去適應這種考試。雖然他們也知道這種考試對孩子成長並不好。為什麼會出現這種截然不同的情況呢？這也是兩種文化的差異。西方人感到不合理，於是想到去改造它，即使力不從心，但至少做了，他們自己是自由的。做自己想做的，誰也管不著。中國人感到不合理，又感到這不是自己可以改造了的，與其抗爭，不如適應它，反正大家都這樣做了，而且是做了好多年，毫無怨言。

兩種文化，兩種反應，兩種結果。從中，我們不能不思深。也許，當我們為自己的一點私利選擇適應的時候，我們應該多想一下去改造，為了他人，也為了自己，多做一些努力。

Seven 有種人生必備藥， 名叫適應

中文注音：ㄕˋ ㄧㄥˋ　英文名字：fit

【性狀】

本藥品無色、無味、無副作用。

【成分】

樂觀兩份、開朗一份、勇敢兩份、善良一份、堅韌四份、執著三份。

【藥理】

1. 本藥品透過刺激大腦皮層，使患者精神振奮、鬥志昂揚。

2. 無論是長煙落日的荒漠，還是一望無際的迢迢長途。

3. 無論是曲折、崎嶇的荊棘小路，還是佈滿險灘的奔湧洪濤，都能使患者得心應手，應對自如。

4. 對適應不良、膽怯、自卑等症狀有獨特功效，是在新環境中的必備品。

【適應人群】

1. 在新環境中失去中心，失去方向的人。

2. 因生性膽怯，使自己的一世才華隨風飄走的人。

3. 徘徊在自卑的陰影裡，瀕臨崩潰的人。

【用法與用量】

在處於逆境時及時服用，用量自己掌握。

【注意事項】

1. 患者必須把這種藥品隨身攜帶。

2. 患者必須按時服藥。

【療效】

使用本產品後，你就會有一種「撥雲見日」般的效果。

【有效期】

如果非要加上一個期限的話，我希望是一萬年。

Eight 人生是賽場，
你一生都在適應場地

　　從事體育和愛好體育運動的人都知道，運動員參加比賽，想要取得好成績，除了平時要刻苦訓練、強化技術意識之外，一些外界的客觀環境和條件，也對比賽成績發揮非常重要的作用，其中最常見、最主要的，莫過於比賽場地了。

　　一些田徑比賽場從外觀上看起來並沒有什麼不同，實際上跑道的軟硬程度還是有差異的，有的場地比較硬，有的稍微軟一些。別小看這一點點軟硬的差別，它對運動員的成績影響是很大的。短跑運動員爆發力強，頻率快，要在極其短暫的時間內迸發出最大的力量和速度，硬跑道能夠為他們提供更強大的蹬地反作用力，所以他們喜歡堅硬的跑道。但長跑運動員就剛好相反，因為他們比的是耐力，腳掌與跑道接觸的面更大，時間較長，例如一萬公尺比賽需要跑上二十五圈，世界上最優秀的運動員也得用將近半個小時，而軟一點的跑道則能夠為他們提供更好的緩衝力，使他們能夠保持一定的節奏和步伐。據說美國的田徑場跑道普遍比較硬，因為他們國家盛產世界級的短跑運動員，這種硬跑道更適合他們訓練和比賽。於是我猜想，非洲一些國家的田徑場跑道大概比較軟，因為他們那裡是優秀長跑運動員的搖籃。

不僅是田徑場，其他諸如足球場、籃球場，還有那些體操館、游泳館等等，凡是比賽場地，都會有一些類似田徑場這樣的「軟硬」問題，比如朝向、高度、燈光等等，都會對運動員的成績造成一定的影響。有的運動員在國內比賽時成績優異，但是一出國比賽就不行了，很多情況下就是不適應場地。包括一些世界優秀運動員在內，也存在這樣的問題。當今網壇巨星費德勒，橫掃天下無敵手，但是羅蘭・洛斯的紅土硬場地，他就是不適應，從來沒有獲得過法網比賽的冠軍，以致於成了他及其崇拜者的心頭之患。所以現在運動員出去比賽，總要提前一段時間到達，一來調整時差，二來主要是提前去適應場地，爭取獲得優異的成績。

其實，適應場地不僅是體育比賽，在我們的社會生活當中也同樣存在「適應場地」的問題。一個人從小學進入到中學，就得適應中學的「場地」，從中學升入到大學，又要適應大學的「場地」，大學畢業以後，又得盡快適應社會的「場地」。有的人從小學、中學、大學直到走上社會，學業、工作都很出色，這樣的人就很好地適應了「場地」。而有的人就不怎麼適應「場地」，比如小學成績還不錯，但到了中學就不行了，或者中學成績非常好，到了大學就吃力了。還有在國內很優秀的學生，到了國外就欠缺能力了，在學校成績非常好的學生，走上社會以後實際工作的能力就不行了。在一個地方或一個公司做得很出色的人，換了一個地方或公司就做不出成績來了。諸如此類，或多或少地都跟人們不適應「場地」有關。

然而，不適應「場地」並不能夠說明某個人一定就不行，因為

許多時候往往是那個「場地」本身存在嚴重的缺陷，不是人不適應「場地」，而是「場地」不適應人。一些有才華、有特長、有獨立探索精神的人，如果適應了這樣的「場地」，他們的才華和特長也就隨之埋沒在這種「場地」之中了。就拿上面所舉學生的例子來說，有些學生應試成績總是不好，但他們當中不少人有著其他方面的特長，或者在某個學科上有非常高的造詣。這些學生就屬於不能適應應試教育「場地」的那一類，他們需要有另外的「場地」來為他們提供發展成長的空間和機會，遺憾的是，現在的「場地」大多還是整齊劃一的標準型「場地」，在這種有缺陷的「場地」上，不知道跌倒和淘汰了多少有潛力、有天分、有才華的優秀「運動員」。

另外，說到「場地」，就不得不提到官場這個「場地」。官場是個標準化的「場地」，它既是一個最不容易適應的「場地」，又是一個最容易適應的「場地」。說它最不容易適應，是指那裡面的鉤心鬥角，爾虞我詐，你爭我奪，人際關係錯綜複雜，紛繁多變，非得具備眼觀四面、耳聽八方、察言觀色、弄虛作假等手段和功夫不可，不然就會在這個「場地」裡面滑鐵盧。說它最容易適應，是說只要緊跟高舉，上雲亦雲，奴顏媚骨，世故圓滑，包準穩坐官位，平步青雲。翻開中國的官場史，不適應「場地」的，輕者遭革職被貶謫，重者遭牢獄被殺頭，甚至株連九族；適應「場地」的，步步高升，榮華富貴，直到雞犬升天。

其實，官場這個「場地」也是有硬有軟的，問題是怎麼去適

應它。比如以前那個年代從事各種運動和鬥爭，那是非常硬的，其中有很多東西違反科學，違反法律，危及國家，殃及人民。官場中極少數有血性、有正氣的，站出來批評反對，結果不是被免就是被貶，有的被打成「牛鬼蛇神」，甚至被迫害致死。這些人就是不適應這個「硬場地」，硬碰硬，付出了慘痛的代價。而更多的人則是極力地去適應那個「場地」，面對強硬的專權，只有軟從屈服，即使是強硬，也是緊跟革命鬥爭形勢，向那些不適應「場地」的另類猛烈開火，以表明自己堅定的「革命立場」。要說軟它也軟，比如現在的中國大陸，公款消費每年達到幾千億元，有關禁止公款消費的文件發了一大堆，結果如何呢？三十六個文件管不住一張嘴，七十二個文件管不住兩條腿。所以，表面上看這些規定是硬梆梆的，其實執行起來是軟綿綿的。對禁止公款消費那些規定，適應官場「場地」的人都知道，那是硬不起的，只要給它來個「軟著陸」，拿著令箭當雞毛，包準萬事大吉。如果有誰真的要去硬碰硬，那他肯定又是一個不適應官場「場地」的人，只怕遲早都要提前「下課」。還有若干官場上的「潛規則」，實質上也是「場地」問題，遵守些運用自如者，就是適應「場地」的，弄不懂、看不慣甚至要去破壞者，就是不適應「場地」的。因為各種原因，我也不在此具體列舉事例了，我不是英雄，更不是聖人，所以也得適應某個「場地」才是，閒話到此為止。

Nine 人的適應性是由 係數決定的

在日常生活中，我們經常可以發現，在跟那些對不想知道的事情從來不聽的人交談時，你會感到自己很難跟對方溝通。將這個原理推而廣之，我們可以用它來解釋人的適應性問題。

讓我們試著從人腦的角度分析一下，即從腦的輸入、輸出問題上考慮。不用多說，腦的輸入是指資訊進入腦內的過程，腦的輸出則指人腦對輸入的資訊做出的反應。我們用五官來輸入資訊，最終輸出的是一種意識。具體地說，腦的輸出是一種運動。

我們這裡所說的運動並不是指體育運動，說話是一種運動，寫字是一種運動，動作、表情等也都是運動，或者進一步說，對輸入腦中的資訊反覆思考也可以被看成是腦的一種運動。

在與他人交流的時候，腦的輸出就成為一種比較明顯的運動。

如果將這種輸入稱為 x，輸出稱為 y 的話。那麼我們可以將整個資訊處理的過程描述為 y = a x 這個一次方程式。也就是說，輸入的資訊 x，在與腦中的係數相乘後，就會得出結果 y。

那麼這個係數 a 究竟是什麼呢？我想可以把它叫做「現實的解釋」。而事實上也存在著因為輸入的資訊不同，其結果也不同

的情況。通常情況下，有一個什麼樣的 x 輸入，人就會採取什麼樣的反應。也就是說因為 y 存在，所以 a 就不是0。

但是也有 a ＝0的情況。在這種情況下，不管輸入什麼，都沒有結果輸出，也就是說資訊 x 的輸入並沒有對這個人的行動產生任何影響。

不對行動產生影響的輸入通常對被輸入的人沒有任何意義。也就是說，男生對「記錄生孩子過程的錄影」幾乎沒有什麼感想，那是因為對於這個輸入，他們的係數 a ＝0（或者是一個和0無限接近的值）。因為他們不會面臨生孩子的問題，所以也不會產生什麼感想。

我們舉一個日常生活的例子。例如，走在路上的時候，如果腳邊有蟲子在爬的話，我會停下來看看。但是沒有興趣的人就會完全忽視牠，甚至看都不會看到。也就是說，對於蟲子這個資訊，那個人的係數是0。

但是，如果腳邊有一個五十元硬幣的話，他也許就會停下來。如果是賽馬券的話，他也許會想「說不定能中呢！」然後滿懷期待地停下並撿起來。當然，如果是賽馬券的話，我是不會停下來撿的。

有一種人的輸出一點都不會受到輸入資訊的影響，而另一種人受到的影響則非常明顯。不同的人對同一事件做出不同反應，這實際上也就是 a 值不同所造成的區別。

想一下男女關係的問題，你就很容易理解以上的說法。我們經常聽到有人說自己和一個一直討厭的人不知什麼時候就交往起來了。這和諺語中所說的「討厭也是喜歡的過程」是很相似的。

簡要地說，這種情況就是將 a 由負數變成了正數。而在 a ＝ 0（即毫不關心）的情況下是不可能變成這樣的。因為那樣的話，一個人就會對另一個人從頭到腳沒有一點興趣，並沒有把對方當作現實來看。所謂「不在視線之內」（不在考慮範圍內）說的就是這種情況。

根據 a 值的大小，基本上就能確定一個人是否能適應某種環境。當一個人來到一個新環境的時候，如果他的 a 值適合的話，這個人就有對環境的適應性，反之，他就不能適應那個環境。

「無論如何跟這個公司就是合不來，所以只好辭職。」這種說法，實際上反映了這個人的 a 值和他所屬的公司不能適應，或者說他沒有設定一個很好的 a 值。

當然，對於不管去哪個公司都很快辭職的人來說，也許他對所有公司發出的資訊都沒有設定一個很合適的 a 值。和將父親的說教當作耳邊風的孩子一樣，那些對於上司的命令一直用0的係數來反應的年輕人大概根本不適合去公司上班。

在交流過程中，就算 a 為負值，也總比0好，這是毫無疑問的。有負數存在就說明還有挽救的可能。對於公司來說，如果員工的係數是0，那就一點辦法都沒有了。

在現實生活中，有的時候，負面的東西積攢多了，就有可能突然轉化成正面的東西。宗教中就有負面東西能夠轉化成正面的理論。基督教教義中所說的「浪子洗心革面、重新做人」指的就是這種情況。因為某個機會，比如說與神相遇，－10會突然轉化為＋10。

另一方面，有些人會利用宗教，使信徒也成為絕對主義──即a成為無限大的可能，他們藉此會強烈要求「絕對的真理」，進而發展成為恐怖主義。原因就在於，係數無限大的人根本不可能與他人進行交流。

這種a為0和a為無限大的情況在現實生活中都會導致很嚴重的問題。恐怖主義就是係數無限大的一種表現。過去曾有江湖武者為了自己的信念而不問青紅皂白就殺人的事。

平常生活在我們周圍的人很少有那麼極端的。如果一個人的係

數為0或無限大的話，他根本無法維持社會生活。但是在數學上，人們有時會遇到一些特殊的例子，而且從理論上說，我們有可能對於存在的事物絲毫不加考慮，所以還是要考慮係數為0和無限大的問題。兩種情況大體上都會導致不好的輸出，即不好的結果。

基本上，在日常生活中，我們常說的「人類的社會性」就是要把 a 調整到一個合適的值，這樣這個人就能盡量適應多種狀態。當然其中 a 為0才是正確係數的時候也有，比如說，在街上走的時候，一直對電線杆做反應也是毫無意義的。

最近經常聽到「情商」一詞，簡而言之，就是感情、情緒的問題。情緒，對大腦的構造來說，就是對輸入資訊的再次回饋。

我在這裡說的既不是歪理也不是極端的理論。只要我們將大腦看作一個輸入、輸出的裝置——也就是計算機的話，一切就會理所當然。因為人們平常不這樣想，所以將大腦的運作看成一次方程式會讓他們覺得有些不適應。人類總是認為自己的大腦是更高級的東西。實際上並非如此，簡單地說，人的大腦只不過是一個計算機罷了。

Ten 適應，
不應是妥協和投降

「仁者樂山，智者樂水」本來是說人的不同興趣決定了他們不同的價值取向，但世事難料，真正能如願以償的人屈指可數，更多的時候，我們不得不向現實妥協，適應環境成了我們職場第一課。

說到適應，很容易被看成不能堅持自我，沒有原則立場的表現，甚至有人提出，只有無能之輩才需要去適應環境，真正的強者應該是改變環境，其實不盡然，不可否認，確有強者在危難面前力挽狂瀾，一手改變環境的例子，更多的時候，環境的存在，尤其是大環境的形成總有其時代性和群眾基礎。動物界有個很典型的例子，恐龍是侏羅紀時期陸地上最強大的動物，但當適宜牠生長的環境遭到破壞時，牠龐大的軀體卻沒有辦法適應環境的變化，只能走上滅絕的道路，而比牠適應力強的烏龜、鱷魚等爬行動物，則生存下來，繁衍至今。AT&T在面對變革時，故意迴避網際網路必將超越傳統電話的事實，結果其業務支柱——長途通訊業務一個個萎縮下來，直到被收購。由此可見，適應並不是投降的行為，而是對自身的保護和發展，順應時代變遷，尋求發展時機。

如果我們只是順應環境，最多也是機械的順應。我們不能改變天氣，但我們可以調整心情，我們要做的不僅僅是順應變遷，更要用平和、欣賞的態度去面對新的環境。當天空佈滿烏雲的時候，我

們僅僅只是拿出雨傘去面對天氣的變化，心情依然是陰鬱的，如果抬起頭用愉快的心情去欣賞每朵烏雲鑲嵌的金邊，那麼烏雲密佈的天空也會有獨特的韻味。

企業的發展也是如此，眾所周知，可口可樂公司是以碳酸飲料馳名世界的，但當人們更多的關注健康，選擇飲料也偏向於果汁類飲品時，可口可樂公司在保持其原有品牌產品之後，不遺餘力的推出自己的果汁品牌，並竭力提高其市場比率，以保障自己的公司立於不敗之地。

「仁者樂山，智者樂水」，當有一天仁者不得不登舟，而智者必須行走在山路上的時候，他們一定不會只懷念昔日的湖光和山色，仁者必能品味出水波的閃耀之處，體會流動的意味，而智者也會欣賞到蔥翠的綠意和巍峨的境界。大智大勇的人總會用欣賞、感嘆的目光去看待所處的環境，接受所有的變遷，在變化中找對自己的位置，不抱怨世事無常，也不會隨波逐流，在逆境中積蓄能量，當環境適宜時尋求勃發，實現自己的目標，體現自己的價值。

適應，不是投降，不是妥協，不是無原則的附和，更不是無條件的順從！面對環境我們要學會適應，當環境適宜時，則一飛沖天，適應的真諦在此。不要埋怨任何人，更不要抱怨自己的懷才不遇，我們應該做的是放棄平庸，以進取的精神立刻行動起來，投入到屬於自己的職位中，向成功的目標邁進。

Eleven 平民百姓論適應

　　我曾叫我的一位鄰居談論適應問題，他說回去想一想，第二天他交給我兩頁紙，寫著下面這篇高論：

　　不知道是否該叫做「論」。在我的腦海裡，好像總是一些大家或者名人的對某種現象或者心得取名字叫「論」。把我這淺顯的小見識，一家之言也自行冠之以「論」，是否就已經有些不「合適」了。你告訴我的「適應」一詞，我也確定不了，該叫做適合、合適，還是適應。不知道自己想對哪個辭彙下結論，就開始舞文走墨的，也好像有些不「合適」了。

　　不追究是哪個辭彙了，想到哪裡就將手指敲到哪裡。剛剛到了一個新的公司，總是想盡快的融到它的氛圍中，就像是看見綠草地，立刻就換上綠色的衣服，將臉龐和頭髮塗抹成綠色，躺在裡面，就是一個顏色的整體。為了形成這個趨勢，勢必要刪除自己身上一些「不合適」或者「不適應」的零件，讓一個方形的自己，變成圓形，由固態進化為液態。兩個字：適應。

　　對於一個要求苛刻，甚至苛刻到接近完美的人，「適應」是一項很累的工作，也是一種很疲勞的心情。就像拿自己當作一件新衣服，遇到瘦子，立刻將自己多餘的部分裁減掉，重新縫製成一件小號的衣服；遇見胖子，再將以前拋棄的部分重新拾起，縫補進去，

回到以前心寬體胖的形狀，以便適應胖子；遇見不胖不瘦的人，再修改；遇見另外一個瘦子，再……不用說自己有多累，光是為了適應而疲勞奔波，窮於應酬，自己厭煩了；就是自己不斷的裁補，也由一件新衣服變成了一件破舊的衣服，別人也早就厭倦。

適應真是一道很乏味程序，是一件很糟糕的衣服。我向來所遵循的是：喜歡就選擇，不喜歡就放棄。所以我發現適應這個原則好像不太適應我走的路子。不喜歡？那就放棄！放棄「適應」這個原則，這個有些讓人討厭的條條框框，是有一定範圍的。我指的這個範圍是：對人，開始選擇情人和要好的朋友的時候；對事，開始選擇工作的時候。

開始選擇情人和要好的朋友的時候，肯定要精挑細選，選擇自己合適對方，對方也要合適自己的彼此。不能為了適合對方，而疲憊的修改自己的尺碼，那樣愛情會隨著衣服的陳舊而走向死亡（所以我超鍾情於一見鍾情）。完美的搭配，才能在以後的人

生道路上，走得長遠，走得快樂，走得值得，面對死亡的時候，依然微笑，今生無憾了。

在選擇其他的時候，那是一些無需完美的事情了。同事、鄰居等等；旅遊、休息等等。人生大部分時間還是處在後者的選擇中，所以人生大部分時間還是流逝在「適應」這個辭彙上了。身體和衣服不合適，於是身體就說，不好意思，我有些胖了或瘦了，我減肥或暴食；衣服就說，不好意思，我的尺碼太小或太大了，我裁剪或補一下。追求的都是在適應彼此，減少摩擦，讓生活能夠在不太完美的情況下，依然前行。

雖然這個辭彙令人感到累，可是依然要選擇，依然要執行。一個讓人討厭的原則，依然要遵守。因為世界上畢竟沒有完美，即使將來產生了完美，我想也一定是「適應」誕生出來的。

第五章
學自然之適者，
　　做社會之智者

猞猁是以野兔為捕食對象的，猞猁為了能捕抓野兔，便具有了敏銳的
視力，機動靈活的體型，強而有力的犬齒和彎曲銳利的爪；而野兔為
了躲避猞猁的追捕，則具有了靈敏的聽覺和善於奔跑的四肢。

這就是大自然的智慧，與大自然的智慧和奧秘相比，人類今天的理智
只不過是無邊黑暗中的一小群螢火蟲而已。

$\mathcal{O}ne$ 當菊芋「高就」之後

1844年，邦尼艾做了一個實驗，將生長在同一個地方的菊芋一部分放在平原上生長，一部分放在海拔2400公尺的植物園裡，經過數代後，在植物園裡的菊芋發生了巨大的變化，其形態、結構、生理機能變得更適應高原氣候了。

生物適應自然環境，具有普遍性。生物只有適應其所處的環境，才能夠在這個環境中很好地生存下來。各種植物花的形態、構造都有利於其後代的繁衍。蟲媒花的構造、顏色、花蜜、香氣等特徵極易吸引昆蟲爲之傳粉受精；風媒花花粉粒小而輕且數量大，這些特徵與風的傳粉互相協調；蒲公英的種子上長有毛茸茸的白色纖維，適合被風吹走；蒼耳和鬼針草等植物的種子依靠動物來傳播，種子、果實上有刺，很容易附著在動物身上；鳳仙花種子成熟後，被風一吹，立即裂開，裡面的種子便被彈射出來。

在動物方面，保護色、警戒色及擬態等現象都是動物對其周圍環境的適應。像蝴蝶身上斑點的顏色和形狀與貓頭鷹的眼睛十分相似，當牠突然展開翅膀的斑點時，可即刻恐嚇並趕走捕食者；竹節蟲，整天不動，猶如枯枝敗葉，如震動枝條，竹節蟲便跌落在地，仍然僵直不動，活像一段枯枝；蛇、鳥等動物在地震前都會自行逃走；蝙蝠的翼手適合飛翔；鯨、海豹、企鵝的某些器官適合划水等等。

適應是普遍存在的生命現象，各種生物，無論是形態、結構、生理機能以及行爲習慣，無一例外。

攀登著的植物——
生存壓力下的適應

Two

植物學家對阿爾卑斯山脈的植被考察之後，發現了一個奇怪現象：最近100年來，許多高山上的植物品種正在增加，許多山底牧場上開放的花已經開到了海拔2000公尺的高山雪帶上，而原先雪帶上的植物則超過雪帶向更高處攀登。

植物學家研究了有關科學文獻發現，造成這種情況的主要原因是阿爾卑斯山地區的氣溫逐漸升高，這些適宜在低溫環境生長的植物為了尋找適宜的溫度，不得不向更高的山上「攀登」。植物學家還發現，它們的生命力比以前強盛許多。 這是一個十分有趣的現象。許多植物對自然界都有靈敏的反應，並且不斷調整自身的生存狀態。如乾旱可讓植物的根深紮於泥土中，風力大的地區的植物長勢更牢固。生長快的植物材質鬆軟，生長慢的植物材質堅硬。

植物的生命如此，人也一樣。一個有成就的人往往要比一個普通人承受的痛苦多。很少有人能花很少的代價取得成功。

Three 未經商量，
天敵之間卻能相互適應

我們不妨觀察一下，猞猁是以野兔為捕食對象的，猞猁為了能捕抓野兔，便具有了敏銳的視力，機動靈活的體型，強而有力的犬齒和彎曲銳利的爪；而野兔為了躲避猞猁的追捕，則具有了靈敏的聽覺和善於奔跑的四肢。

這表明，在捕食動物和被捕食動物的長期進化過程中，捕食動物發展了捕捉、消化被捕食動物的各種適應性，被捕食動物則發展了逃避敵害的各種適應性。這些適應性是透過長期的自然選擇，按照適者生存、不適者淘汰的法則進化而來的。

我們看一下捕食動物的適應性。

1. 食肉動物通常有捕殺被捕食動物的專門器官，如啄木鳥的強而有力的鑿形嘴，可破壞樹皮木質部而啄取昆蟲；猛禽具有發達、銳利、堅強的喙和爪；肉食性獸類的犬齒特別發達，並且具有由上頜最後一個前臼齒和下頜第一臼齒變成的特殊裂齒，適合捕捉、殺死、撕裂被捕食動物。

2. 食肉動物的消化道通常比食草動物短，有消化動物蛋白質的各種酶。

3. 食肉動物的神經系統、感覺和運動器官通常都比較發達；肉

食性的狗魚，透過側線這個感覺器官發現「活動食物」的位置，再以眼睛校準後，就迅速地游過去捕捉；肉食性的隼，有敏銳的視覺，尖長有力的翅膀，可在廣闊的天空中迅速追擊獵物。

4. 食肉獸類主要採用兩種方式捕食：一種是追逐，如犬科動物憑藉自身的速度和耐力，對被捕食動物窮追不捨，直到將其捕獲；另一種方式是伏擊，如貓科動物先藏在隱蔽處，待被捕食動物接近時突然襲擊，猛撲上去，將其捕獲。

我們再來看一下適應的相對性。

在自然界中，一切適應都不是絕對的，而是相對的。例如，許多毛蟲有毒，大多數食蟲鳥怕吃毛蟲，敬而遠之。而杜鵑鳥的口腔上皮有特殊的保護能力，不怕毛蟲的毒素，一隻杜鵑一天可吃100多條毛蟲。又如，刺蝟周身是刺，一般食肉動物對其無從下手，但狐狸卻能把唇部伸入捲成球狀的刺蝟的腹部，將其拋向空中，待刺蝟落到地面身體鬆開時立即將其咬死。蛾類結繭，固然有利於保護自身，然而金小蜂正是借助於繭對棉紅鈴蟲的束縛作用，順利地將卵產在牠的體內。

適應的相對性是由於遺傳物質基礎的穩定性、多效性和環境條件的變化相互作用的結果。

Four 生物的適應永無終點

　　地球上現存的生物估計有兩百多萬種以上，而曾經生活在地球 99.9%的物種現在已經滅絕。從6億年前至今，最保守的估計已有 20億種生物在地球上出現過，為什麼會滅絕？顯而易見是牠們不能 適應變化著的環境。達爾文的自然選擇進化理論解釋生物界兩個不 同表現方面：分化和適應。分化說明了為什麼地球上物種越來越 多，而適應說明了現有物種是長期適應的結果，滅絕了的物種則不 適應其所處的環境。

　　什麼是適應？適應有兩方面的含義，一是指生物透過變化而能 在某一環境中更好地生活的過程；另一是有利於生物在環境中生存 和繁殖後代的任何發育上的、行為上的、解剖上的或生理上的特 徵。從適應的定義可以看出，物種對環境的適應就是為了更好的生 存或保存自己。任何一個物種，從它的形成就一直想擴充自己的分 佈範圍，並盡可能使種群達到最大。然而事實上，物種分佈有一定 的範圍，並且在該範圍內有一定的數量，並且常常穩定在一定數量 之下。這是由於一方面自然界的環境不都是合適的或無法適應，另 一方面在適應的環境內，當種群密度高時，自身對環境因數產生了 改變，不利於自身生存，或環境容量有限，這樣透過競爭等途徑淘 汰了一些不適應的個體，而使最具適應能力的個體保存下來。

　　生物對外界的適應是多方面的，有形態的、生理的、行為的和

生態的適應。就陸生動物而言從水生起源發展到陸地生活，要克服的第一個障礙就是水能否滿足生物有機體內一切生命活動的基本需要。以昆蟲爲例說明，昆蟲的絕大部分種類是生活在陸地上，從水生到陸生，昆蟲經過長期的適應產生了一系列的形態結構、生理過程來適應陸地生活條件。爲了減少水分的喪失，體表具有蠟質層作爲保護層、控制氣門的開閉時間、後腸水分的再吸收、利用代謝水等。一旦適應陸地生活後，動物則對水分狀況各異的環境，在行爲上採取不同的適應方式。如選擇潮濕的環境、選擇一天中濕度適宜的時間出來活動、乾旱季節的遷徙、夏眠與滯育等。如生活在乾旱荒漠中的動物，大部分種類是生活在地下的，美國西南部的一種大毒蜥一年中大約有98％的時間是在地洞裡生活。

自然界並非是靜止的，時時刻刻都在不斷地變化，生物爲了生存在這個地球上，也時時刻刻在不斷改變自己，來適應這個變化的自然界，因此，對適應而言，沒有終點。

研究物種生存的核心問題是物種的生態位，生態位是生物生存的整個環境及生活方式的多維描述。按照適應的概念，進化被描述爲生物對生態位的適應過程，亦即生態位在物種適合它之前就已存在，透過新物種的進化來填充。事實上生物並非是被動地感知環境，牠們能創造和鎖定牠們所居住的環境。同時，按照這個理論，生物若佔有了其生態位，那麼，生物已是適應了這個環境而不需改變。其實現存物種的環境是經常衰敗的或變化的。從這個角度出發，物種在長期的適應過程中，自然選擇的本質不是

提高物種的生存機會，而是簡單地使物種「跟蹤」或跟上經常變化的環境。

　　環境的劇烈變化，生物能適應嗎？隨著人類工業化的高速發展，技術的不斷更新，在地球上已經沒有尚未出現人類足跡的地方，人類的干擾、大氣污染形成的酸雨、臭氧層的破壞、環境的破碎及退化、生態系統的失調等一切改變著生物的現存空間，在生物圈中的生物有一部分來不及適應或根本無法適應新的環境，隨著環境的劇烈變化而將永遠消失。從地球上物種滅絕的情況來看，生物進化史中曾出現過6次物種大滅絕事件，對滅絕的原因提出了許多假設，試圖加以解釋，雖然這些假設至今沒有一個經過嚴格的論證，但有一個是肯定的，即物種滅絕是由於物種未能適應當時環境的結果。目前生物多樣性受到普遍關注，這是由於人們感到對生物多樣性的威脅是前所未有的，特點表現在眾多物種在如此短的時間遭受滅絕。如果這一趨勢繼續下去，那麼我們面臨的滅絕規模不亞於歷史上任何一次物種大滅絕。人們意識到這次滅絕必然會危及人類自身。為了保護生物多樣性，大量的物種在人工措施下飼養或栽培，牠們在人類的悉心管理下尚能成長發育，一旦置於野生的自然環境，則根本無法適應或很難適應，變成了脆弱的物種。因此有人預言未來的野生生物將在人類的集約管理下生存，這是一個可怕預言。一些種類（如鼠類、蟑螂等）適應了人類改變或創造的環境而大量地繁殖起來形成災害。

Fine 從生物適應中學習
大自然的智慧

　　我們已經知道，生物都生活在非常複雜的環境中，隨時受到環境中各種生態因素的影響。生物只有適應環境才能生存，換句話說，自然界中的每種生物對環境都有一定的適應性，否則早就被環境淘汰了。

　　不同的生物對環境的適應方式是不同的。綠色植物通常都有較大的葉片，用來進行光合作用，並且能透過蒸發作用促進根系吸水和植物體散熱。生活在沙漠地區的仙人掌就不同了，它們的葉變成刺，這樣可以減少水分的散失；它們的莖含有葉綠素，並且很肥大，既能進行光合作用，又能儲存水分，這是仙人掌對沙漠缺水環境的適應。猛獸和猛禽（如虎、豹、鷹等）都具有銳利的牙齒（或喙）和尖銳的爪，有利於捕食其他動物；被捕食的動物也不會坐以待斃，牠們能以各種適應方式來防禦敵害。例如，鹿、兔、羚羊等動物奔跑速度很快，豪豬、刺蝟身上長滿尖，刺黃鼬在遇到敵害時能釋放臭氣等等。蛔蟲等寄生蟲具有體表光滑、運動器官和消化器官退化、生殖器官發達等點，這是與牠的寄生生活互相適應的。

　　很多生物在外形上都具有明顯的適應環境的特徵，在這方面有很多生動有趣的現象，如保護色、警戒色、擬態等。

　　保護色。動物適應棲息環境而具有的與環境色彩相似的體

色，叫做保護色。具有保護色的動物不易被其他動物發現，這對牠躲避敵害或獵捕動物都是有利的。昆蟲的體色往往與牠們所處環境中的枯葉、綠葉、樹皮、土壤、鳥糞等物體的色彩非常相似，相似的情況常常達到令人驚訝的程度：即使昆蟲近在眼前，人們想找到牠也很不容易。如果你曾經捕捉過蟈蟈等昆蟲，你就會有這種體驗。

生活在北極地區的北極狐和白熊，毛是純白色的，與冰天雪地的環境色彩協調一致，這有利於牠們獵捕食物。 有些動物在不同的李節具有不同的保護色。例如，生活在寒帶的雷鳥，在白雪皚皚的冬天，體表的羽毛是純白色的，一到夏天就換上棕褐色的羽毛，與夏季苔原的斑駁色彩很相似。有些蝗蟲在夏天草木繁盛時體色是綠色的，到了秋末則變爲黃褐色。還有些動物的體色是隨時都可以改變的，避役（又叫變色龍）和比目魚等。比目魚在白色的背景上，身體是白色的；在黑色的背景上，身體是黑色的；在黑白相間的背景上，身體就像打了很多黑白相間的補釘。

警戒色。某些有惡臭或毒刺的動物所具有的鮮豔色彩和斑紋，叫做警戒色。例如，黃蜂腹部黑黃相間的條紋就是一種警戒色。有人研究，鳥類被黃蜂螫一次，會記憶幾個月，再遇到黃蜂就會很快地避開。有些蛾類幼蟲具有鮮豔的色彩和斑紋，身上長著毒毛，如果被鳥類吞食，這些毒毛就會刺傷鳥的口腔粘膜，嘗過這種苦頭的鳥再見到這些幼蟲就不敢吃了。再比如蝮蛇體表的斑紋，瓢蟲體表的斑點等等，都是警戒色。警戒色的特點是色彩鮮豔，容易識別，能夠對敵害產生預告示警的作用，因而有利於動物的自我保護。

擬態。某些生物在進化過程中形成的外表形狀或色澤斑，與其他生物或非生物異常相似的狀態，叫做擬態。例如，竹節蟲的身體像竹節或樹枝，尺蠖的形狀像樹枝，枯葉蝶停息在樹枝上的模樣像枯葉（翅的背面顏色鮮豔。在停息的時候，兩翅合攏起來，翅的腹面向外，現出枯葉的模樣）。有的螳螂成蟲的翅展開時像鮮豔的花朵，若蟲的足像美麗的花瓣，可以誘使採食花粉的昆蟲飛近，進而將這些昆蟲捕食。蜂蘭的花瓣常常與雌黃蜂的外表相近，可以吸引雄黃蜂來「交尾」。黃蜂一朵蜂蘭花飛向另一朵蜂蘭花，就會為蜂蘭花傳粉。

透過上述實例，我們知道了適應的普遍性。我們還應該知道適應的相對性。生物對環境的適應只是一定程度上的適應，並不是絕對的、完全的適應。例如，許多種鳥具有的保護色（如百靈、雉雞等），可以避免肉食性鳥類的攻擊，但常常被嗅覺發達的獸類（如狐等）所捕食；具有保護色的昆蟲也常常被視力敏銳的食蟲鳥類所侵害。環境條件的不斷變化對生物的適應性也有影響。比如說，池塘裡的生物對於水生生活是適應的，如果由於氣候的變化或地勢的改變，池塘逐漸乾涸了，生活在那裡的大部分生物便會死亡。再如大熊貓主要以竹類為食，前幾年由於大熊貓棲息地區的竹子大面積地開花、枯死，使大熊貓的生存受到了嚴重的威脅。

生物與環境的相互關係。維持生物生存所必須的物質和能量，都要從環境中取得。環境對生物有著多方面的影響。生物只有適應環境，才能生存下去。生物對環境的適應，既有普遍性又

有相對性。生物在適應環境的同時，也能夠影響環境。例如，柳杉能夠吸收二氧化硫等有毒氣體，進而能夠淨化空氣；鼠對農作物、森林、草原都有破壞作用；蚯蚓在土壤中鑽來鑽去，以腐爛的植物和泥土爲食，可以使土壤疏鬆，提高土壤的通氣和吸水能力，牠的排泄物還可以增加土壤的肥沃度。

由此可見，生物與環境之間是相互作用的，它們是一個不可分割的統一的整體。

Six　一場「壁虎長跑比賽」比出了什麼？

　　達爾文的「適者生存」理論認為，只有最能適應環境的生物才能生存。法國科學家最近利用壁虎進行了一項有趣的「長跑比賽」實驗，部分驗證了「適者生存」理論。

　　法國國家科研中心科學家加利亞爾等人在出版的英國《自然》雜誌發表論文說，他們為400個剛出生的小壁虎舉辦了一場特殊的「長跑比賽」，以區分牠們的體質。這些小壁虎必須在一個環形的跑道內不斷跑圈，直到跑不動。科學家最後根據成績將牠們分成三組，冠軍組的小壁虎平均能跑500秒，占多數的普通組的小壁虎平均成績是350秒，還有16隻小壁虎平均只跑了50秒，屬於最差組。

　　科學家發現，一個月後，最差組的小壁虎由於體質太弱陸續死亡，這與「適者生存」的理論相吻合。科學家還發現，如果環境更適宜、食物更充足，一些普通組的小壁虎最後也可以跑出冠軍組的成績。

　　加利亞爾說：「透過一年的觀察，我們認為，和基因與體質強的壁虎有差別的普通組的壁虎仍然可以很好地生存，條件是周圍環境要比較適合牠們的生長，這一條件使牠們可以彌補與體質強者的生存能力差距。」

$\mathcal{S}even$魚兒把「適應」寫滿全身

　　任何生物爲了生存，在其與生存環境的協調過程，往往透過其行爲、生理或結構的改變來增加其存活和繁衍的機會。適應一詞在生物學中有多種含義，譬如進化適應、生態適應、生理適應、行爲適應和感覺適應等等。

　　進化適應是自然界對生物中廣泛存在的變異進行選擇的結果。自然選擇使生物具有與環境互相適應的外表形態結構，並且把牠自己所攜帶的基因傳給後代，這些基因進一步的繁殖，使適應環境的種群擴大並鞏固下來。魚類形態結構的適應，首先表現在體形。爲了適應水中生活，魚的體形普遍爲紡錘形，兩頭尖而中間凸，使其在水中不至於頭尾過重而沉入水底。鱤、鱅的頭雖大，但腦腔僅占頭腔的1/10，頭部多脂肪而使其比重輕，頭雖大而輕。而生活在洞穴中的鰻鱺和黃鱔，爲了能迅速自如的出入洞穴，身體變成圓筒形。鯰棲居於水底而身體變成平扁，所以這些都是體形對環境適應的結果。魚類爲了自如地停留在任何一處靜止的水體中，爲了保持平衡和游泳，鰭的變化具有極爲重要的作用。

　　背鰭和臀鰭的生成，使魚類在水中不會搖晃不定；胸鰭和腹鰭既可使身體平衡，並可發揮划水槳的作用；而尾鰭則成為掌握方向的舵。由於不同魚類的生活環境不同，為了適應環境，魚鰭也就產生了林林總總的變態，如飛魚的胸鰭特別延長，使飛魚飛出水面時能做滑翔飛行；山溪急流中的腹吸鰍，胸鰭和腹鰭變成平扁的吸盤狀，以使魚緊貼在岩石上不被水沖走；而生活在大洋中的鮣魚，為了保護自己，牠的第一背鰭前移到頭頂並變成一個大吸盤，平時依靠這個吸盤吸附在大魚或船隻的腹面，藉此躲避敵害和遠游他處。比目魚類為了適應側臥水底匐行，頭兩側的眼睛轉移到朝上一側。

　　生活在水上層的魚類，眼睛長在頭頂兩側，底層魚類則多偏下方，而洞穴中魚類因長期見不到光亮，兩眼退化成盲魚。口頜的變化也很明顯，肉食性魚類的嘴闊大，如烏鱧、鱤、鯰等，食生藻類的魚類如白甲魚、顏頜魚的嘴在頭下方，下頜有堅硬的角質層。對於一些底層不善游泳的肉食性魚類，如鮟鱇等，嘴特別大，而且背鰭前幾根鰭條前移至頭頂，變成引誘小動物的釣絲和釣餌。而生活在急流中的魚類，如墨頭魚等，嘴的下唇變成一個吸盤。七鰓鰻的嘴成圓形的吸盤，用以吸附於其他魚類體表，進而吸吮牠的血和肉。此外，魚類為了適應環境，在體表及內腔各方面都有很多為適應環境的變化，所有的變化都是在長期的進化過程中形成的改變。

$\mathcal{Eight}$ 種子想到遠處落戶，自有適者前來幫助

　　神奇的種子是被子植物用以繁殖的一種特有結構，它是包在果實裡受果實保護的，同時，果實的結構也有助於種子的散佈。果實和種子散佈各地，擴大後代植株的生長範圍，與繁榮種族是有利的，也為豐富植物的適應性提供條件。

　　果實和種子的散佈，主要依靠風力、水力、動物和人類的攜帶，以及透過果實本身所產生的機械力量。果實和種子對於各種散佈力量的適應形式是不一樣的。

（一）對風力散佈的適應

　　多種植物的果實和種子是借助風力散佈的，它們通常細小質輕，能懸浮在空氣中為風力吹送到遠處；其次是果實或種子的表面常長有絮毛、果翅，或其他有助於承受風力飛翔的特殊構造。

（二）對水力散佈的適應

　　水生和沼澤地生長的植物，果實和種子往往藉水力傳送。蓮的果實，俗稱蓮蓬，呈倒圓錐形，組織疏鬆，質輕，飄浮水面，隨水流到各處，同時把種子遠佈各地。陸生植物中的椰子，它的果實也是靠水力散佈的。椰果的中果皮疏鬆，富有纖維，適合在水中飄浮；內果皮又極堅厚，可防止水分侵蝕；果實內含大量椰汁，可以

使胚發育，這就使椰果能在鹹水的環境條件下萌發。熱帶海岸地帶多椰林分佈，與果實的散佈是有一定關係的。

（三）對動物和人類散佈的適應

　　一部分植物的果實和種子是靠動物和人類的攜帶散佈開的，這類果實和種子的外面長有刺毛、倒鉤或有粘液分泌，能掛在或粘附於動物的毛、羽，或人們的衣褲上，隨著動物和人們的活動無意中把它們散佈到較遠的地方，如竊衣、鬼針草等。

　　同時，由於多種植物的果實是某些動物和人類日常生活中的輔助食品，在取食時往往把種子隨處拋棄，種子藉此取得了廣為散佈的機會。

（四）靠果實本身的機械力量使種子散佈的適應結構

　　有些植物的果實在急劇開裂時，產生機械力或噴射力量，使種子散佈開來。乾果中的裂果類，果皮成熟後成為乾燥堅硬的結構，由於果皮各層厚壁細胞的排列形式不一，隨著果皮含水量的變化，容易在收縮時產生扭裂現象，藉此把種子彈出，分散遠處。常見的大豆、蠶豆、鳳仙花等果實有此現象，所以大豆、油菜等經濟植物的果實，成熟後必須及時收成，不然，乾燥後自行開裂，把種子散佈在田間，會遭受損失。

Nine 造物主對其作品不斷修改，就是為了適應環境

生活在地球上的任何一種生物，都受自然環境的影響。每一個特定的環境，對生物都有一個特定的選擇，而所謂的適應，即生物受自然選擇的結果與環境互相適應的現象。生物適應環境是一種普遍現象，可以說，造物主對其所有作品都在不斷進行修改，其目的只有一個，那就是為了適應環境——這其中包含著許多非常有趣的事實和故事。

我們知道，生物與環境互相適應主要表現在兩方面，一是生物的趨同適應。在自然界中，親緣關係較遠的物種在同一環境下生活，其形態特點有相似的現象。如，鯨本來是哺乳動物，但由於長期生活在水中，牠的形態特點與魚相似：體形像魚；身體分為頭、軀幹、尾三部分，沒有明顯的頸部；全身不被毛，僅在嘴部有些剛毛；皮下脂肪層厚，能保持體溫和減輕比重；前肢魚鰭狀，後肢退化，有水準狀的尾鰭等。

二是生物的趨逆適應。也就是說，親緣關係原本較近的物種，或為同一種類的生物，由於其生活環境的不同，因而在形態上產生了很大的差異，分別向不同的方向發展。以美洲棉尾兔為例，由於在山區環境中長期的地理隔離，使得不同地方的棉尾兔在形態上逐漸地發生變化，各自適應不同的環境，形成了不同的種，在美國東部棉尾兔有8個種，在西部山區有23個種。因此，長期的地理隔離

是生物形成新物種的重要原因之一，也是生物產生地域性適應的重要原因。

　　再如，以尺蛾的工業黑化為例，大約在十九世紀末年，歐洲工業區發生了尺蛾的黑化問題。人們注意到有幾種尺蛾其黑色個體，在某些工業中心區域隨煙灰對環境的污染而逐漸增多起來，淡色尺蛾的個體逐漸減少，在短短的50年間，這些區域原來的淡色尺蛾（常態型）完全被黑色尺蛾（變態型）所代替。分析其原因，主要是由於在工業區裡，黑色尺蛾比淡色尺蛾有較好的保護色，不易被天敵（鳥類）發現，因此具有更多的生存與生殖的機會。這說明了新環境的出現，使得尺蛾的形態向適應新環境的方向變化和發展。進而體現了尺蛾的趨逆適應現象。

　　我們來看一下生物體的結構、功能特點與環境適應的現象。我們知道，生物體的結構都是與功能互相適應的，而生物體的結構隨著時間的演變功能的需要逐漸向適應某種特定的環境方向發展。如家兔，牠的小腸的長度是其體長的近10倍，並且還有發達的盲腸，這就為消化多纖維素的雜草奠定了結構基礎，因此發達的小腸和盲腸的存在，是與其草食性互相適應的。而與環境關係不大的器官，由於長期得不到充分的利用，而逐漸變為痕跡器官，如人的盲腸、耳肌、瞬膜、尾椎骨等；海豚和某些蛇類（像蟒蛇）殘存的後肢骨；蚊蠅後翅變成的平衡棒等。

　　那麼，動物在行為方面與環境互相適應有哪些現象呢？我們僅從生物的自我保護性行為舉例加以說明：兇猛的眼鏡蛇，在遇

敵時頸部膨脹，用以恐嚇敵人，這種恐嚇敵人的行為是長期自然選擇的結果；而被動型逃避敵害的瓢蟲，牠在受到驚嚇之後，就突然裝死，一動也不動，待穩定一會兒後則恢復原態，以此來迷惑敵人；有的動物則採取「棄卒保車」的方式逃避敵害，像海參遇敵時，主動「獻出」內臟，供敵害食之，牠則藉機逃走，以後再長出新的內臟來。

生物在種族延續方面與環境互相適應的狀況是怎樣的呢？ 如生活在沙漠地區的一些十字花科、蓼科的短命植物在雨後的十幾天內就完成了發芽、生長、開花、結果的「生活史」，這種快速完成繁殖後代的現象是與其生活的乾旱環境互相適應的。蒼耳的果實帶刺，便於動物攜帶為之傳播。

最後我們來看一下生物群體對環境的適應現象。自然界中，群居生活的生物，在個體身上往往表現出對自身不利而對整個群體有利的特性來，這種利他主義行為的存在，使得整個群體能更好地適應環境。最典型的例子就是蜜蜂：在蜂群中，少量的雄蜂一生中唯一的職能就是與蜂王交配；蜂王則專司產卵，繁殖後代；而大量的工蜂卻喪失了繁殖後代的功能，擔負著築巢、守衛、哺育幼蟲、採蜜等大量繁重的工作。從表面來說，工蜂不能生育，這一點對其本身是不利的，但卻使蜂王能繁殖出更多更優的後代。如果工蜂能夠進行生殖，產生自己的後代，而不負責築巢等工作，那麼整個蜂群必然瓦解，牠們只能有限地分散存在，對群體不利。

$\mathcal{T}en$ 看，
熱帶植物的生態適應

　　地球上的熱帶地區是植物種類最豐富的地區。除了熱帶荒漠的雨量很少之外，大部分熱帶地區是高溫多雨的，具有植物生長最有利的條件，在這裡形成常綠闊葉樹組成的熱帶雨林。

　　海南島五指山區現在還有一些熱帶雨林及其次生林，這裡植物種類繁多，群落結構複雜，有一些植物具有特殊的適應於當地環境的器官形態和生態習性。諸如板根現象、莖花現象、纏絞現象以及各式各樣的藤本植物和附生植物等。這些現象是植物在漫長的歷史過程中適應環境的結果，也可以說是自然選擇的結果。

一、根的生態適應

　　熱帶雨林的喬木多具板狀根，尤其上層喬木的板根最顯著。所謂板根是在莖的基部發育成或多或少形如三角形的板，在莖與沿表土走向的側根之間構成一個護角，它是由側根上側極端彎曲的次生生長所形成。每株樹的板根數目和長短不一。例如海南熱帶雨林的主要樹種蝴蝶樹的板根有4～5塊，從樹幹基部2～3公尺高處（個別的到5公尺）開始伸出，寬度一般1.5～2公尺，在地面的長度約2～3公尺，個別的可達9公尺。板根的厚度通常只有數釐米。

　　支柱根也是熱帶森林內常見的特徵。廣東常見的榕屬植物榕

樹、高山榕、印度榕等都有支柱根。這些植物的支柱根來源於樹幹上或粗枝上的不定根形成的氣根，當氣根伸長下垂到達地面後，從土壤中吸取營養，氣根就逐漸長大而成柱狀的支柱根。支柱根一方面支持植株，另一方面可以加強水分和無機鹽等的吸收，以利植株生長，擴展樹冠。例如廣東新會縣環城公社天馬河畔的一株大榕樹，樹冠幅占地十餘畝，由於它有多條粗壯的支柱根豎立在樹冠下，猶如很多樹木生長在一起，驟視之宛如一片森林。

二、莖的生態適應

在潮濕的熱帶雨林內，莖的生態適應主要表現在上層喬木的高大，常高達40公尺以上，枝下高也很高，樹皮薄而平滑，通常顏色較淺。有些樹木的花或花序不是生在小枝上，而是生在樹幹上或粗枝上，這叫做莖花現象。例如可哥樹、波羅蜜、青果榕等都是莖花植物。莖花植物多為比較矮小的喬木。一般認為莖花有利於引誘森林下層的蝴蝶或昆蟲傳粉，使蝴蝶或昆蟲易於發現花。還有人認為樹幹上或粗枝上開花的花芽是原來在枝條上的腋芽，這些腋芽一直保持到枝條長成樹幹或粗枝時才開始發育，透過薄的樹皮把花伸出來。

三、葉的生態適應

熱帶雨林的樹木是常綠的，但有季節性乾旱的熱帶地區也有落葉林，這裡的樹木落葉主要由於水分不足，它是植物對乾旱的生態適應，而不是像溫帶地區的樹木落葉是由於低溫所引起。例如木棉

和原產緬甸北部的柚木都是旱季落葉的熱帶植物。還有一些樹木在雨季落葉，當嫩葉抽出前數天，老葉全部脫落，很快就重新鋪上綠裝。

熱帶雨林內很多植物是具裸芽的，芽長期活動，沒有芽鱗保護。但有很多樹木的芽有各種保護方式，以避免熱帶高溫和乾燥的損害。有些樹木的芽被毛，另有一些樹木的芽覆蓋著膠粘物質或樹脂分泌物，亦有靠葉柄上的翅或肥大的托葉來保護幼芽的。

此外，很多熱帶喬木及藤本植物的葉柄上有葉墊或關節，它可以幫助葉片去校正接受光照的位置，這也是熱帶森林多層次的結構，在不同的位置上植物對光照的適應性。

$\mathcal{E}leven$ 樹木為何不能無限長高？

　　世界上的樹木，包括高132公尺的桉樹、115公尺的紅杉，爲何不能無限長高呢？

　　根據達爾文「自然選擇」理論，樹木是適應環境的佼佼者。試想，如果樹木無限地長高，那就要招來風折雷劈等橫禍，還會造成陽光、氧、水、養分供給不足，並受到溫度等限制。自身支撐能力也是大問題。拿支撐樹身重量的樹幹來說，假設一棵樹長度和直徑都增加一百倍，其體積增加100萬倍，重量也會增加同樣的倍數，而樹幹的抗壓力是跟截面積成正比的，即只能增加1萬倍，因此，每立方釐米的截面積上要受到100倍的負載。顯然，如果樹幹的幾

何形狀始終跟原來的相似，樹幹就會被自身的重量壓垮。

　　因此，樹木在適應外界環境的進化過程中，它的高度受到了限制。當然側枝的生長也抑制了頂枝的生長。這就是樹木爲什麼不能無限長高的原因。

Twelve 外部世界提出問題，生物自行設法解決

適應的現代觀念認為：外部世界提出某些「問題」，生物就必須「去解決」，生物透過對「問題」的解決過程做出越來越好的「回答」，最後處於適應狀態。爬行類演化成鳥類就是一個很好的例證。在演化的過程中，骨骼、肌肉、皮膚、翅膀、羽毛等變得越來越適應鳥類的生活。

生物適應自然環境，具有普遍性。生物只有適應其所處的環境，才能夠在這個環境中很好地生存下來。各種植物花的形態、構造都有利於其後代的繁衍。蟲媒花的構造、顏色、花蜜、香氣等特徵極易吸引昆蟲為之傳粉受精，風媒花花粉粒小而輕且數量大，這些特徵與風的傳粉互相協調；蒲公英的種子上生有毛絨絨的白色纖維，適合被風吹走；蒼耳和鬼針草等植物的種子依靠動物來傳播，種子、果實上有刺，很容易附著在動物身上；鳳仙花種子成熟後，被風一吹，立即裂開，裡面的種子便被彈射出來。

1844年，邦尼艾做了一個實驗，將生長在同一個地方的菊芋，一部分放在平原上生長，一部分放在海拔2400公尺的植物園裡，經過數代後，在植物園裡的菊芋發生了巨大的變化，其形態、結構、生理機能變得更適應高原生活了。

在動物方面，保護色、警戒色及擬態等現象都是動物對其周

圍環境的適應。像蝴蝶身上斑點的顏色和形狀與貓頭鷹的眼睛十分相似，當牠突然展開翅膀的斑點時，可即刻恐嚇並趕走捕食者；竹節蟲，整天不動，猶如枯枝敗葉，如震動枝條，竹節蟲便跌落在地，仍然僵直不動，活像一段枯枝；蛇、鳥等動物在地震前都會自行逃走；蝙蝠的翼手適合飛翔；鯨、海豹、企鵝的某些器官適合划水等等。

總之，適應是普遍存在的生命現象，各種生物，無論是形態、結構、生理機能以及行為習慣，無一例外。

適應是自然選擇的結果，生物的變異有的有利於生存，有的不利於生物的生存。那些有利於生物生存的變異類型適應自然環境而存活下來；那些不利於生物生存的變異類型由於不適應自然環境而遭淘汰。所以，適應是自然選擇的必然產物。

適應現象儘管很巧妙，很合理，但適應是相對的，而不是絕對的、盡善盡美的。適應是針對一定的條件說的，如果條件發生了改

變，那麼，生物的適應就失去了作用。警戒色是相當巧妙的適應現象，大多數食蟲鳥怕吃毛蟲，但是一隻杜鵑在一天中卻可以吃掉上百條毛蟲。蛾類結繭固然有利於保護自身，然而棉鈴蟲的悲劇又恰恰就在繭上，金小蜂正是借助於繭對棉鈴蟲的束縛作用，順利地將卵產在牠的體內，這也可以說是「作繭自縛」；鷹可以在很高的地方發現草叢中活動的老鼠，人的眼睛則不行。相反，人的眼睛可以辨別多種顏色，鳥類的眼睛則不行。

適應是一種暫時的現象，它不是永久性的，當某些因素變化時，有的還成為一種有害的特徵，導致生物死亡。雷鳥和貂都借助於保護色而常常免遭敵害。然而一旦這些動物的顏色已經變了，而氣候異常沒有下雪，牠們的顏色變更，不僅沒有益處，反而更容易被敵害所發現。著名的尺蛾工業黑化現象也是一個很好的例子。

適應相對性究其原因是由於遺傳基礎例如基因等的穩定性和自然環境條件的變化相互作用的結果。環境發生了劇烈變化，適應原來環境的生物絕大多數會被淘汰，但其中的一些生物由於遺傳物質發生了變異，能夠在新的環境中存活下來，適應變化的環境。例如在一個生長著細菌的培養器中，加入青黴素，絕大多數細菌不適應而被殺死，但總有一些發生變異的個體，抗藥性增強而適應新的環境生存下來。

Thirteen 越挫越勇的雜草，
超乎想像的適應

雜草的生命力是極其頑強的，對鹽鹼、人工干擾、旱澇、極端高低溫等有很強的承受能力。有些雜草個體小、生長快，生命週期短，群體不穩定，一年一更新，繁殖快，結實率高，如繁縷、反枝莧等一年生雜草。有些雜草個體大、競爭力強、生命週期長，在一個生命週期內可多次重複生殖，群體飽和穩定，如田旋花、蘆葦等多年生雜草。有些雜草，例如藜、蘆葦、扁稈藨草和眼子菜等都有不同程度承受鹽鹼的能力。馬唐在乾旱和濕潤土壤環境中都能良好的生長。植物雜草體內的澱粉主要貯存在維管束周圍，不易被草食動物利用，故也免除了食草動物的更多啃食。野胡蘿蔔是兩年生雜草，在營養體被啃食或被刈割的情況下，可以保持營養生長數年，直到開花結果為止。野塘蒿也具類似的特性。天名精、黃花蒿等會散發特殊的氣味，趨避禽畜和昆蟲的啃食。還有些植物含有毒素或刺毛，如曼陀羅、刺莧等，以保護自身，免受傷害。

由於長期對自然條件的適應和進化結果，植物在不同環境下對其個體大小、數量和生長量的自我調節能力被稱之為可塑性。可塑性使得雜草在多變的人工環境條件下，如在密度較低的情況下能透過其個體結果量的提高來產生足量的種子，或在極端不利的環境條件下，縮減個體並減少物質的消耗，保證種子的形成，延續其後代。藜和反枝莧的株高可矮小至5釐米，高至300釐米，結果數可少

至5粒，多至百萬粒。當土壤中雜草子實量很大時，其發芽率會大大降低，以避免由於群體過大而導致個體的死亡率增加。

由於雜草群落的混雜性、種內異花受粉、基因重組、基因突變和染色體數目的變異性，一般雜草基因型都具有雜合性，這也是保障雜草具有較強適應性的重要因素。雜合性增加了雜草的變異性，進而大大增強了抗逆性能，特別是在遭遇惡劣環境條件如低溫、旱、澇以及使用除草劑防治雜草時，可以避免整個種群的覆滅，使物種得以延續。

稗草與水稻伴生、野燕麥或看麥娘與麥類作物伴生、亞麻薺與亞麻、狗尾草與穀子伴生等，這是因為它們在形態、生長發育規律以及對生態因數的需求等方面有許多相似之處，很難將這些雜草與其伴生的作物分開或從中清除。雜草的這種特性被稱之為對作物的擬態性。這些雜草也被稱之為伴生雜草。它們給除草，特別是人工除草帶來了極大的困難。例如狗尾草經常混雜在穀子中，被一起播種、管理和收穫，在脫皮後的小米中仍可找到許多狗尾草的子實。此外，雜草的擬態性還可以透過與作物的雜交或形成多倍體等使雜草更具多態性。

Fourteen 意怠鳥的生存之道

　　莊子說過一則寓言：東海有一種小鳥，名字叫意怠。這種鳥跟別的羽族比起來，十分遲鈍、無能，無法單獨生存。牠們一定要跟同類互相牽拉著才能飛翔，一定要跟同類互相攙扶著才能站穩。跟別的羽族比起來，這種鳥十分膽怯、懦弱，前進的時候不敢在最前，後退的時候不敢在最後。吃東西的時候，誰也不敢先吃，一定要等最高等級的同類吃過了，才按照等級順序吃一點剩餘的殘食。由於等級十分森嚴，而且大多數成員都嚴格服從尊卑綱常，內部秩序井然，外敵無法利用牠們的內部混亂來趁機侵害牠們，所以牠們一直沒有遇到很大的災難，而長久生存了下來。弱者雖然在大自然中處於劣勢，但是能夠在競爭激烈的環境中生存下來，必然也有一定的適應之道。

Fifteen 老鷹餵食的故事

老鷹是所有鳥類中最強壯的種族，
根據動物學家所做的研究，這可能與
老鷹的餵食習慣有關。

老鷹一次會生下四、五隻小
鷹。但是由於牠們的巢穴很高，所
以牠們獵捕回來的食物一次只能餵食
一隻小鷹。而且老鷹的餵食方式並不是
依平等的原則，而是誰搶得凶就給誰吃，在這種情況下，那些瘦
弱的小鷹吃不到食物都死了，只有最兇狠的存活下來，代代相
傳，老鷹一族也就越來越強壯。企鵝能適應嚴寒而生存於南極；
駱駝能適應乾旱而成為「沙漠之舟」；人類有了適應自然的能
力，才得以繁衍至今。

第六章
職場適者的章法——
「蒲公英」攻略

職場如戰場，在競爭激烈的職場上，每個人都必須學會在高淘汰率、高壓力的環境下生存，也只有承受了逆境考驗並生存下來的人，才能最終傲立職場。這就好像是蒲公英，蒲公英能在任何環境中生存，職場中的人要學會做「蒲公英」。如果今天的你，被一陣風吹到了並不肥沃的土壤上，你必須面對惡劣的生存環境，你能成為職場「蒲公英」，最終紮根發芽嗎？

$\mathcal{O}ne$ 職場「蒲公英」——
逆境生存的精英

都說職場如戰場，的確，在競爭激烈的職場上，每個人都必須學會在高淘汰率、高壓力的環境下生存，也只有承受了逆境考驗並生存下來的人，才能最終傲立職場，練就「眞本領」。這就好像是蒲公英，蒲公英能在任何環境中生存，職場中的人要學會做「蒲公英」。

如果今天的你，被一陣風吹到了並不肥沃的土壤上，你必須面對惡劣的生存環境，你如何成爲職場「蒲公英」，最終紮根發芽呢？

用最積極的心態面對環境

到一個競爭激烈的公司就職，最重要的是心態，只有心態調整到最佳狀態才能成功。

來向陽生涯進行諮詢的客戶中，幾乎每個人都是職業發展有問題的人，多多少少都有職業心態的問題。不良的職業心態只會讓你在競爭中加快落敗。

既然選擇了銷售這一行業，人員流動快、淘汰率高、人際關係複雜，這些都是家常便飯。也許，你會覺得工作給你帶來了很大壓

力，而且沒有安全感；也許，你為了競爭絞盡腦汁，付出了很多，可是最後還是沒有別人出色；這個時候，你會覺得很無助，懷疑自己的能力，原本的信心也若即若離。這個時候最重要的就是調適好自己的心態，不要太急躁，把自己的壓力說出來，讓別人幫你一起分擔，多聽聽過來人的意見，不要自作主張，一意孤行。

不只銷售，每個行業、每個工作都有不同的壓力或是困難需要面對，當你挑戰一份工作的時候有必要調整心態，全心投入工作中。只有報以熱忱全力以赴地投入工作中才能克服工作中暫時的困難和挫折，在競爭激烈的行業中站穩腳跟。

與環境互相「妥協」

環境的惡劣，可以考驗一個人的毅力，也可以塑造你的職業精神。環境是不可能因你的不滿而改變的，所以，在不同的工作環境下，學會適應環境才是職場「蒲公英」立足的關鍵。

職位性質的不同，所處的環境也不一樣，要在逆境中成長，必須要圓滑，有時需要改變一下自己的風格，有時甚至要懂得偽裝，不要凡事都直來直往，工作和讀書是完全不同的性質，沒有人會同情你、可憐你，所以你處在這種競爭激烈的環境中，想要辦法讓自己儘快的去適應這個環境。

練好內功是根本

在淘汰率高的職位上，能力不足的人很快就會沒入大海，想

更好的在職場上秀自己，最主要的還是要提高自身的競爭實力，練好內功，讓自己「強壯」起來才是根本。就好比蒲公英，就算一時能在某個地方落腳，也有可能因為根基不深而又被風吹走，在落腳後還要深深地把根紮下去，最後才能生存下來。

練好內功的關鍵要素有很多，你必須對自己有清晰的認識，在此基礎上確立自己的職業發展目標；為了實現這個目標，你必須指定長遠的發展規劃，進而清楚自己下一步該怎麼走；接著你必須去實施，注意培養自己在工作中的能力，你可以透過企業培訓或自己到外面培訓相關專業技術來提高身價；同時，你更必須在一個職位上有股衝勁，不怕苦，不怕累，用多倍的耐心和毅力堅持下去。

在競爭激烈的職場，不會再有「大鍋飯」的好事，也不會再給予弱者同情。所以，今天的職場，當我們選擇不夠多，當我們不知道自己最終會被吹向哪裡，當我們生存的環境並不那麼好，我們需要「蒲公英」精神，需要有蒲公英那種堅忍不拔的精神，努力尋找適合自己落腳的土壤，全力以赴地紮根、生存、發展、開花。

Two 人才想要適應職場，應具備哪些素質？

　　身為人才都有自己理想的目標，初涉企業工作的人才也不例外，渴望早日成就事業並得到殷實的報酬。環境適應能力與企業互動協調發展，可以使人才脫穎而出，並使他們的自身價值得以實現；有的在見習期間或熟練期頻繁跳槽，遲遲難覓事業座標。而受企業歡迎的人才，除了擁有一定的專業技能外，在適應期中往往有以下四方面表現：

一、健康的心態

　　成功人士的標誌，首先在於他的心態。適應期中受企業歡迎的人才，往往是心態積極、平衡，能保持愉快的心境，樂觀地接受挑戰和應付麻煩事。因為任何企業都會有不足的方面，面對企業的不足，心態積極的人才會表現出積極主動的態度，並把它當作鍛鍊自己的機會，為自己日後的工作積蓄力量和經驗。也有的人會認為「事不關己，高高掛起」。他們往往會在被動中逐漸喪失機會，他們不願意多付出，總想加了薪再多努力，而企業沒有看到其價值，又不願意隨便加薪，進而仕途茫茫。

二、合作中競爭

合作與競爭是事業發展的兩翼，在合作中得到企業、同事、朋友的支持，在競爭中脫穎而出。剛進入企業的人才在工作、生活和學習中會遇到各式各樣的事，接觸到不同興趣、不同愛好、不同性格的人，這就需要剛進入企業的年輕人具備互利、包容的心態和求大同存小異的處世原則。人與人的競爭應該是技能、業務水準和工作能力與貢獻等方面的競爭，而不是貶低別人，抬高自己的惡性競爭。

三、有老闆的責任

老闆的責任強弱直接反映其聚財的多寡、企業的興衰。人才進入企業後，如果以單純的勞動力交換貨幣的工作心態，在工作中就會覺得厭倦，覺得企業的興衰與己無關，就不會有在本企業成就理想的渴望。反之，如果以只要我在工作，就要全力以赴把工作做好並力求完善，把它當作自己的事來做，才會在工作中迸發出衝勁和樂趣，才會去關心企業的發展，才會知道自己在工作中該怎麼做，不該怎麼做，自然也就具備了老闆的責任。

四、自我超越

超越自我是對自身能力素質的突破，更多的是人性的完善，有時會聽到，「某人成功，他專業水準、文化知識並不高，關鍵是他膽子大」；再比如羞怯，是人的自我收斂，也有利於維繫人際關係。但是，過分的羞怯，或不分場合、不合時宜的羞怯卻會成為人前進和地位、關係拓展的障礙，超越自我就需要我們利用別人的長處，克服自身的不足，善於學習，集中精力，培養耐心並客觀地觀察事物，終將有利於年輕人適應企業並與企業互動協調。

Three 上司換了，
適應期中你如何做？

　　某年某月的某一天，辦公室裡總是會出現戲劇性的一幕：新上司隆重登場，老上司或者是黯然退場、退居幕後，或者是另有高就。在每一個人的職業生涯中，碰到一個新上司總是令人不安的時刻。剛習慣過去上司的風格，突然，辦公室裡的氣溫和氣氛又要變化了。這時的你會發現，無論是否願意，在這齣即將上演的新一輪大戲中，自己肯定要扮演一個角色。可是糟糕的是，這時的你並不知道未來分給你的角色是什麼。更不知道新導演會不會對你滿意。 上司突然被更換，下屬們該如何去適應呢？

　　在新官上任的動盪期裡，任何對自己的擔心都是避免不了的，任何的意外也都有可能發生。過去老上司的紅人有可能失寵，過去不走紅的現在或許有機會重新塑造自己。而在這個期間就像是在玩遊戲大轉盤一樣，有人尖叫、有人大跳、有人恐懼、有人一言不發。

　　不管是從內部新提拔上來的，還是從外面空降來的，所有的新上司走馬上任內心最渴望做的無非就是盡快做出新的業績，證明給提拔自己的老闆看，同時也在新員工中樹立自己的威信。因此，懷抱著《對付員工三十六計》等職場教科書的新上司一開始肯定會豎起耳朵去傾聽──找員工瞭解情況。

「新上司對公司的情況缺乏瞭解，如果身爲員工能夠給他資訊支援，可能是他最需要的東西，當然這也可能成爲你最大的資本。」丁迅是一個資深的人力資源部副總經理，在他爲一家企業服務的近8年時間裡，經歷過三任新上司，不但每次平安留任，而且還從一個普通兵上升至部門副經理：「如果你提供的資訊能夠讓新上司盡快取得新業績，那麼你理所當然就會被重視。」

「要知道留給新上司的第一印象是很重要的，往往會決定你們接下來的關係和合作是否愉快。這個時候無論是完全陌生的新上司，或是內部原來就有所瞭解的，他們很想知道你是否願意接受改變並渴望成爲新團隊中的一員。因此在和新上司第一次談話時首先要注意傾聽。多聽新上司說什麼，需要什麼，而不是按照自己的想法去說很多。」人力資源、職業規劃專家杜若提供了自己的建議：「給新上司留下的最好印象是有專業能力但是並不專橫。」

在新上司還沒有來得及瞭解你的時候，身爲職場中人，不妨多一些管道去收集資訊瞭解你的新上司。他的性格、愛好，熱衷什麼？討厭什麼？精力分佈週期是什麼？聽彙報時喜歡數字還是圖表？是注重理性分析還是會憑感覺行事？「如果你知道了你的新上司是一個直脾氣，那麼當他開始一兩次跟你大嗓門說話甚至發了脾氣的時候，你就可以不那麼生氣和擔心了。因爲，通常這種人話說完了，也就煙消雲散了。」杜若進一步說道。

能夠對新上司有個基本的瞭解當然好，但是如果沒有這樣的管道和機會，在跟他們打交道的時候就要多費一番心思了。

主動示好型：這樣的表現在職場成功手冊中，雖然被視爲無往

而不勝的法寶。但是要注意的是，你這樣做，很容易給你原來的同事留下話柄，被人扣上「逢迎拍馬」、「阿諛奉承」等惡名。更危險的是，有很多新上司未必喜歡，而有的新上司原來跟你就認識，看到你180度大轉變的態度，內心會更不舒服。

專家提示：正確的做法應該是，不對上司過分熱情，但是要對上司的鼓舞有積極的回饋。

保持距離型：這通常是有閱歷、有能力，但是野心也不那麼大的員工會選擇的方法。這樣的員工往往既不會受到新上司的重用，也不會因為一時不慎被取代，永不得翻身。不過這樣看似安全的做法對自己的事業幫助也許並不大。

專家提示：多一份主動，少一份冷漠，藉著這個機會重新給自己定位。

不和即散型：也許你是舊上司的忠臣，也許是你和新上司天生不投緣。本想好好工作，無奈說話、做事誰也不能容忍誰，這個時候不妨你走你的陽關道，我過我的獨木橋，好說好散吧！

專家提示：是自己主動提出，還是等著被裁員，要選擇好時機和方式。

來了新上司，對他來說，是一片新天地，對員工自己而言，除了動盪期間的種種不適，能夠重新認識自己，引導自己也未嘗不是件好事。當然，新的序幕拉開了，別管未來分配你演的角色是什麼，最保險的方法就是：繼續努力，做好現在的工作。就像一棵樹的根本那麼重要，其他的是枝和葉。

$\mathcal{F}_{our}$ 適應壓力是現代人 的必修課

由於現代人的生存競爭非常激烈，所以內心承受的壓力也非常大，經常會聽到身在職場中的人抱怨壓力太大。應該說，適當的壓力是有好處的，它使人不得不進步。但我們發現，有許多的人在較大壓力的作用下，變得焦慮、孤獨、憂鬱，這也變成了一個必須解決的社會問題和心理問題了。

到底壓力之下的我們應該如何應對，才不至於被壓力壓倒，迎接人生的挑戰呢？適應壓力便是我們必修的一課，也就是我們要學會和壓力和平共處。

壓力是我們生活中的一部分，如影隨形。壓力也是一種正常現象，每個人每天都會經歷。譬如：頭髮剪壞了、爭吵、遲到等，都是壓力的導火線。

一般而言，98%的壓力來自芝麻小事，只有2%的壓力可能造成生活上的大問題。然而，這2%的壓力卻產生了98%的「負面性壓力」。有人面對壓力，會暴飲暴食、酗酒、吸毒、變成工作狂……，有人把壓力視為機會，藉著壓力將自己轉化得更成熟、穩健。

認識壓力公式一位教授在多年諮詢經驗中發現，人的壓力可以用一個公式來表達：壓力＝負載／自我功能。負載等於是卡車上所

載的東西，自我功能就好像這部卡車的承載能力。如果上面負載的東西並沒有增加，可是你現在很難過，這就表示有幾個可能，一是你的自我功能減弱了，一是你在上面加了太多別的東西、太多垃圾。例如，你在辦公室跟同事處不好，回家後又跟家人發生衝突，這些壓力、情緒，全都加到工作上，就變成垃圾負載。

要減輕垃圾負載，可以試試這三個處方：

一是運動，因為運動可以刺激腦下垂體分泌腦內啡，使人的心情變好。

二是盡量表現出開心的樣子。每天進辦公室前，深深吸一口氣，振作起來，記得跟人打招呼，即使不高興也要假裝高興。這樣做，行為就會影響情緒，人真的會變得比較快樂。

三是經常保持微笑。因為笑的時候可以產生內臟按摩，而且笑的時候，通常都會深呼吸，也會刺激身體產生令人舒服、愉快的分泌物。

日本經營之神松下幸之助的樂觀思考模式，成為他面對困難時最大的力量。

他在《松下靜思錄》中提到：「有人常常對我說『你吃過不少苦頭吧！』我本身從來沒有感覺到真正吃過什麼苦頭，因為從9歲到大阪當學徒至今，我一直保持著積極的樂觀心態去工作。在大阪碼頭當學徒時，寒冷的早上，手幾乎凍僵，仍要用冷水擦洗門窗或是做錯事挨老闆打罵，有時簡直吃不消。但隨即平心靜

氣一想，吃苦就是爲了自己的將來，痛苦反而轉爲喜悅了。從學徒養成的樂觀想法，給了我後來很多正確的影響，例如不景氣時，我不會嘆氣，反而積極認爲，不景氣正是改善企業體質的好機會。這樣的看法和想法，不但有助於克服困難和苦惱，而且能豐富人的內心，使人每日過著積極的生活。」

心理學上有一個實驗，看了以後你一定會有所啓示。

實驗者將養老院的老人分成兩組，一組人的生活是可以自己選擇──看電影或是照料花草等，另一組的生活由工作人員負責照料，他們無法選擇。幾星期後，第一組老人的幸福感和活動水準明顯高於第二組，半年後，第一組老人的死亡率僅爲第二組的一半。也就是說，如果一個人能夠控制他的生活，他將感覺幸福與快樂。

面對壓力也一樣。

Five 學會適應，
是一個管理者最基本的素質

　　學會適應，是一個管理者最基本的素質。適應意味著低調，因為這是要求自己去適應日益變化的環境，而不是一味要求環境來適應自己。

　　芬蘭的諾基亞公司是靠加工木材起家的芬蘭百年企業。1990年前的芬蘭諾基亞公司主要營業項目有兩個：一個是木材加工，另一個是橡膠製品的生產。芬蘭位於北歐，只有500萬人口，市場很小，幾十年來，諾基亞主要是為前蘇聯提供橡膠製品。由於市場穩定，所以生產和生活都很好。但是，1990年環境突然發生了改變：蘇聯解體，諾基亞既有的市場沒有了，企業面臨著生存問題。新任董事長奧利拉上任後經過調查，做出了正確的決策，迅速出售部分木材加工、橡膠製品和電視機生產企業，集中精力做通信產業。到現在，諾基亞已經是世界排名第一的行動通信供應商了。

　　適應首先是一個自我定位的態度問題，因為適應要求將自己定位在弱勢的地位，而不是強勢地位。如果高調地定位，最終的結果只能是片面強調自己的優勢，忽視環境的要求，最後的路只會越走越窄。

　　對於一個管理者來說，如果首先沒有低調的定位，就根本不

會考慮適應環境的問題。生存是需要環境的，但身為個體不可能徹底改變環境，個體的生存需要對環境的適應。實際上，世界上沒有最好的，只有最適合的。自然界「適者生存」的規律，對人類所有組織來說都是適用的。

1997年，英國現任首相布雷爾代表已經在野20年的英國工黨贏得大選後，不斷有人問布雷爾一個問題：「為什麼在一代人的時間裡英國工黨一直在野？」布雷爾總是用一句話回答：「很簡單，世界變了，而工黨沒變。」

20世紀50年代初，以美國福特汽車公司為代表的「大規模生產模式」橫掃全球。為了學習「規模經濟」的真諦，全世界的企業家如朝聖般彙集到美國底特律，再把這種最先進的生產模式帶回自己的國家。這時，豐田汽車的創始人豐田英二也來到底特律。但是，他認為大規模生產模式不適用於日本，福特的生產體制還有改進的空間。於是豐田英二創造了「精益生產模式」，其中的內容就包括我們今天耳熟能詳的「做即時化企業」、「實現零庫存」等，這種生產汽車的方式使豐田汽車行銷全球。

「沒有最好的，只有最適合的。」這種低調的言論，恰恰是最現實的態度。只有低調的管理者才會有意識地做到這一點！他不會一味唱高調地說自己是最好的，他知道，他所取得的成就，僅僅是最適合的，而可能不是最好的。這種態度，使企業有了永遠發展的動力，因為環境永遠在變化之中，適應永遠沒有盡頭！

適應是主動性的，但它有一個前提，需要選擇。在你要到達預

定的目標前，你必須結合自己的能力，量力而行，學會適應。

　　其實，人的一生中有一半的時間在被動地接受適應生活的考驗，因而，人無時無刻都在做著無形的適應生存的工作，也許一時感覺不出適應的奇妙性，但當人們在某個地域站穩腳跟，並且生活了很長一段時間後，就能夠感覺到適應是多麼重要的事情。適應需要堅強的意志和頑強的耐心。有時就像嬰兒從母體裡脫離，要適應外面的世界生存一樣，掙扎是痛苦的，但痛苦後的啼哭又是十分幸福的。當然，適應沒必要過度勉強行事，要有成功的預見性。沒有把握的牽強適應，既耗費了寶貴的時間，又會使你陷入一蹶不振的尷尬窘境。

　　適應有時又是在不斷變化的。有時看起來容易生存的環境，而真正去生活卻十分艱難；有時看起來艱難的環境，適應起來卻非常容易。因此，我們要學會看清物質內在的東西，然後選定進軍的目標。

$\mathscr{S}_{ix}$ 適應新環境、 建立好形象的十個秘訣

　　適應新的工作環境通常需要三個月，這也是關鍵的三個月，因爲這段期間你給別人的印象是非常深刻的。以下是一些成功人士的心得，這是幫助你在100日內建立美好形象的秘訣。

　　秘訣之一：瞭解公司的文化。每家公司都有不成文的規則，瞭解並順從這些「規則」，有助你扶搖直上。若企圖打破傳統，只會浪費時間。

　　秘訣之二：避免捲入是非漩渦。大家都知道，每家公司都有一些愛道人長短的人，他們愛加鹽添醋。這些是非可以聽進耳內，但別忘了自己應有足夠的分析能力。如不瞭解事情的來龍去脈，最好還是保持緘默，以免得罪別人。

　　秘訣之三：別理會其他雜務。新工作需要高度集中的注意力，嘗試花多些時間與同事合作。處理棘手的事務以及安撫要求高的客戶。把私人事務暫時擱置。別將所有責任往身上背。要謹記自己並不是「超人」，公司並不會要求你解決所有難題。所以最好專注去做一些較重要和較緊急的工作，這比每項工作都做不好較理想。

　　秘訣之四：穿著得宜。「人靠衣裝」這句話永遠是對的。穿得光鮮一點，自己也會備感自信。

秘訣之五：耐心地聽別人說話。對某件事情的意見與別人出現分歧時，往往是對主管的意見能耐心的聽下去，然而不耐煩聽別人的意見，這樣不好。

秘訣之六：別被失敗挫傷。一次出錯並非事業的墳墓，成功人士應從失敗中學習可說是老生常談。

秘訣之七：不要輕易許諾。對每一件事，哪怕是很小的事，你都不可隨便做出許諾。某一件事如果你不能做到或不知道如何做好，你就應當說你做不到或不知道。

秘訣之八：默契的與他人合作。與他人合作而又能有默契這是一項本事，有的人天生具有這種本事，而大多數人需要後天不斷學習才能做到。接受別人的批評。人無完人，當你犯了錯時受到批評是應該的，應虛心接受，自我反省，這樣才能不斷進步。

秘訣之九：迅速進入工作狀況，創造成績。合情合理的話，公司應該給你 3個星期的學習適應期。然而事實上每個老闆都希望新人迅速做出成績來，而不想花時間好好培訓你。

秘訣之十：你必須接受自學的觀念。為了加快學習的速度，你得加班，甚至把工作帶回家裡去完成。請求同事的幫助也是個好辦法，只要別重複問同一個問題，也不要拿無數問題麻煩同一個人。準備好你的問題表單，做好筆記，附上感謝的誠意和小小禮物。

$Seven$ 一挨罵就哭哭啼啼，
職場新人適應不良者達90%

大多數應屆大學畢業生，到新公司工作已滿一個月。悠閒的校園生活方式被緊張的職場打拼所代替，使這些處於「斷乳期」的職場新人面臨著巨大轉型壓力。記者近日在採訪中發現，心理承受力差、不懂人際交往、禮儀文化缺失等問題已成為不少剛工作大學生的通病。而來自心理諮詢中心的一份統計也顯示，在剛剛步上職場的人群中，出現社會適應不良症狀的比例高達90%。

一挨罵就哭哭啼啼

某傳播公司人力資源部經理肖先生告訴記者，公司對今年新招募的幾個大學生很不滿意，幾個大學生都是上世紀80年代出生的女孩子，平時聚在一起喜歡「唧唧喳喳」，對主管也很會討好，但對交付的工作卻沒有時間概念，經常拖延。結果有兩次被經理訓斥，幾個女孩子當場就委屈地大掉眼淚，怎麼勸也停不住。

現在經理再給她們交付工作，只能這麼說：「小李，妳乖一點，今天五點下班前一定要完成任務，可以早點下班。」「小徐，妳不要再和小李說話，讓她快點做。」簡直就是「連騙帶哄」。

肖經理認為，現在的一些新大學生雖然學業成績都不錯，但由於被家庭過分嬌寵，往往心理承受能力很差，對待工作的責任心也不強。他們公司的重要職位，以後情願招募三、四十歲有工作經驗

的人，他們更有責任心，吃得了苦。

接電話大聲說「喂，誰啊！」

記者在交大附近一所培訓中心看到，一群新進公司的大學生正在接受專門的禮儀培訓，學習如何正確坐、立、行走，如何在西式宴會上使用餐具、如何接電話等等。負責培訓的張老師告訴記者，這是某外商給職場新人上的第一課，原因就是很多大學生剛進公司待人接物很不懂禮貌，缺乏基本的禮儀知識。

張老師說，很多剛畢業的大學生會忽視一些工作中的小細節，如見了陌生人說話就緊張，接電話時喜歡大聲說「喂，誰啊！」，坐姿不雅觀，陪客戶去吃商務餐不會用刀叉等等，曾經有一個前來上課的女孩子就是因為吃西餐時把刀盤弄得「咯咯」作響結果被客戶視為不禮貌。

張老師指出，基本的社交禮儀看似簡單，但在工作中恰是用得最頻繁的，如果職場新人在這個過程中表現得不好，輕則被認為個人素質不高，重則影響到公司的形象和業務，因此建議大家要好好學習，如最基本的在接聽電話時應該說「您好，我是某公司的職員，請問……」而「謝謝」、「請」等用語也要常掛在嘴上。

專家點撥

嬌驕之氣要戒除

上海交大就業服務和職業發展中心主任費毓芳認為，初出校門的大學生不能適應新環境，大多與其事先對新職位估計不足、不切實際有關。當他們按照這個過高的目標接觸現實環境時，往往會產生一種失落感，感到處處不如意、不順心。因此畢業生在步入職場後，要能夠根據現實的環境調整自己的期望值和目標。

同時職場不是學校，不是家庭，一些學生的嬌驕之氣就要徹底戒除，切忌以自我為中心；要具備一定的溝通技巧和合作精神，同時有必要學習一些禮儀文化知識，腳踏實地地走好每一步。

一進公司就想身居要職

到心理諮詢中心傾訴「心病」的小吳認為自己被公司「大材小用」了。小吳是一所明星大學的碩士，在學校是有名的「才子」，可是他到了新公司後，發現自己沒有那麼「吃香」了。工作近一個月，除了接電話、開會、收發傳真等基本工作，他沒有得到任何展示自己的機會。小吳認為，部門裡很多同事不過是大學畢業生，論學歷、才華根本比不過自己，因此他很煩惱。

小吳公司的主管則指出，剛進公司的所有新人必須從基層做起，一方面是讓新人充分瞭解公司的運作情況，熟悉各項業務；另一方面也是公司考察新人、鍛鍊其能力。但現在很多新人往往自視甚高，一進公司就想身居要職，這種想法太好高騖遠了。

Eight 如何適應新職場的文化氣候？

「說你行，你就行，不行也行；說你不行，就不行，行也不行。」相信這句話大家都耳熟能詳。我們無意探討這句話的眞實性，但它至少反映了一種讓人疑惑的現象：「行也不行」。這種現象在現實中確實存在，究其原因，跟能否融入到公司的企業文化密切相關。

企業文化是企業和企業主的思想和行爲。公司的業務各式各樣，公司的規模有大有小，公司的層次有高有低，這樣就導致了不同的公司有不同的企業文化。哈佛商學院終身教授、世界主管與變革領域的權威，約翰‧科特曾指出：「企業文化對長期經營績效有巨大的正相關性。」而另一位寫出《基業長青》的著名管理學者詹姆斯‧柯林斯認爲，偉大的公司都有「利潤之上的追求」與「教派般的文化」，可見，優秀的公司無一不對企業文化有著執著的追求，而對於新員工來說就是要適應這種企業文化。

工作中多學、多問、多瞭解

國際貿易系的小陳畢業後在一家外商找到了一份市場調研工作，對於外商工作節奏快、管理要求嚴格的情況，小陳此前有一定的瞭解，所以在剛開始工作時，盡量改變自己原來讀書時拖延、懶惰，不拘小節等毛病，盡量在最短的時間內完成工作，同

時在工作中注意向身邊的同事學習和請教。

經過三個多月的努力，如今小陳對工作已得心應手，她感觸最深的就是，要快速地融入公司的企業文化，最重要的就是在工作中多學、多問、多瞭解。

謙虛行事

小李是一個絕頂聰明的人，跳槽到國內一家大型IT企業後，更是摩拳擦掌，很想大幹一場，加入公司不到一週的時間就做出一份長達30多頁企劃案，放到老闆桌前。令小李迷惑不解的是，老闆接到企劃案後非但沒有表揚他，反而大皺眉頭。後來小李透過同事瞭解到：原來公司一貫奉行穩健經營的作風，而小李的企劃案雖然具有開拓性，但是存在著巨大的經營風險，和公司的企業文化不符合。

每家公司都有自己獨特的企業文化，身為新人都有一個逐步適應的過程。在沒有瞭解公司的企業文化之前，採取謙虛行事的態度是明智的做法，千萬不要急於求成，以致於給別人造成負面印象。

融入團隊

　　現代企業不可能單打獨鬥，IBM大中國區總裁說，現在是「打群架」的時代。企業文化要體現在員工的行為上，融入到一個公司的企業文化，也就是融入這個團隊。有團隊必然有文化和它自身的一套規矩，個人英雄主義是行不通的。想要被一個團隊接納，就得想辦法接受和認同他們的價值觀念，在這個團隊找到自己的角色和職責。

　　關於新員工的適應問題，還有許多其他有助解決的途徑。總之，不管你以前從事什麼職業，有著怎樣的工作背景，一旦加入一家新公司，都會面臨新的環境和新的要求，及時調整自己是不可或缺的，包括自己的心態和工作技能。快速地認知新公司的企業文化，不斷豐富和調整自己，方能順勢而為，這也是社會和企業對每個人的要求。

Nine 大學生當了公務員，心理適應很關鍵

　　當你從一名大學生轉變為黨和國家的工作人員，可以說是人生的一次重大轉折，不僅會遇到一般學生剛開始工作初期容易產生的困擾，而且由於黨政機關所處的社會地位及組織結構的特殊性，還會遇到很多特殊的困難，不少人經常走入誤區。

　　人生轉捩點上的不適應，是人成長過程中的一種自然反應，是任何人都無法迴避的過程。正確地分析其規律，進行自我調節，主動融合群體，可以緩解某些症狀，避免走入誤區，縮短這一過程的時間。

　　（一）工作適應性與心理適應性成反比律。剛開始工作的人都有一個工作適應期，包括瞭解組織、熟悉業務、鍛煉能力、磨合人事，以致於生活方式適應新的工作的需要等等，每一個人由於素質、背景、能力和職位的不同而有所不同。心理適應期和工作適應期是兩個不同的過程，它們發展的走向是成反比例的。工作上適應得越快，心理適應期反而越長。這是因為適應快的人對自己的期望值往往更高，而主管對他們的認識總是跟不上他們自己對自己的認識。即使是被大家公認的得到主管重用的人，在正式擔任主管職務之前，也同樣感覺到未得到應有的重用。而工作適應期比較長的人則由於職業道德約束和職位責任的壓力，對心理的不適應相對弱

化。

根據這一規律，重要的就是要使「工作適應」優勢轉化爲
「心理適應」優勢。年輕幹部要樹立正確的從政觀，克服急躁情
緒，保持良好心態，發揮工作適應性強的優勢，找對定位，腳踏
實地，用自己的「身爲」爭取應有的「地位」；加強修養，有寬
闊的胸懷，學一點古人「窮則獨善其身，達則兼濟天下」的進退
觀。

（二）「凸透鏡」律。對自己是凸透鏡的近距離使用——過度
放大自我能力和工作成績，對別人是凸透鏡的遠距離使用——縮
小同事和主管的工作能力，藐視他人成績，並且顛倒成像。這一
規律是由年輕幹部書本知識與實踐經驗不匹配，理性成熟與感性
稚嫩相伴生，以及不善於處理個人事務和公共事務的關係，不認
識理想和現實的距離等原因共同決定的。

揭示這一規律，有助於組織人事部門考察年輕幹部時客觀地
分析幹部的優點和缺點，不要把他們「心理適應期」出現的現象
當作缺點，以致影響到對幹部的評價、培養和使用。年輕幹部自
身則應該從「凸透鏡」律中經常反省自己，盡量克服認識的反
差，減少心理不適應，使自己成長得更快、更健康。

（三）提職前的心理「斷層」律。年輕學生在到機關工作2～
4年這段時間中，壓抑感逐步加強，在得到關於提職的有關資訊
（真實性普遍未得到證實）的前夕，壓抑感將達到最高程度，在
得到提職資訊至正式提職這段時間中壓抑感曲線出現一個急劇下

落,然後在遲遲不見提職任命的等待中,壓抑感重新快速爬升,出現一個明顯的「缺口」,這就是「提職前的心理『斷層』律」。

年輕幹部跨越「斷層」需要幹部本人和組織雙方互動,共同努力,綜合運用人才成長規律、改革機關組織結構、科學調整心態、加強思想政治工作等多種手段。從年輕幹部自身來說:一是要按照人才成長中的「有效創造實踐成才律」,明確奮鬥目標,自找壓力,揚長避短,增強信心,克服「斷層」的危害。二是要根據人才「補償成才規律」,客觀分析自身成才的最大阻力和缺陷,主動引入補償機制,啓動隱性動力,跨越心理適應期的「斷層」。所謂「補償成才規律」是指個人自身某些方面的缺陷或困厄被其他方面高度發展的能力所彌補而得以成才的一種成才規律。

Ten 從「一人最多能管幾個人」 來看規模適應性

從管理學的角度看，7個人在公司上就構成一個小組，是個人直接管理的最佳人數；若超過50人，就必須有一套管理機制。要全靠一個人來管，50個人就會亂套。這就有一個管理的規模適應性問題。

企業是一個有生命的組織，它必須生存、成長，並且適應顧客的需求和市場的改變。因此其內部的組織結構和管理方式必須保持高度的敏感和彈性。

這個道理來自於大自然的啓示。每一種動物都有其特定的體形，特定的活動方式，動物之間的差別，最明顯的也就是大小的不同，如果動物的體積發生改變的話，牠的形狀也一定會隨之改變。

一般而言，高等動物要比低等動物要大，其構造也更複雜些，不過高等動物並不是因爲腑臟複雜而比低等動物大，而是因爲牠的體積比較大，所以腑臟不能不複雜。甚至植物也是一樣，最簡單的植物，像生長在死水或樹皮上的綠藻，只是簡單的球形細胞，而高等植物就要利用長出葉子和樹根的方法來增加它的表面。

首創「克隆」概念的英國著名生物學家霍爾丹指出，人類的

組織結構遵循的是同樣的原理，並且依次可以解釋為何古希臘民主只能誕生於城邦國家，以及為何英國人發明的代議制政府只有在美國才得到第一個實施。霍爾丹的說法確有道理，即使我們走入中國禪宗發展的歷史，依然能夠發現它的應用所在。

話說六祖之後，禪宗的發展一天天壯大，開始擁有越來越多的徒侶，因此，在管理僧務上，在獨特的參學法事上，即要求產生新的制度與之相適應，這是實際形勢發展的需要。所謂的「馬祖建叢林，百丈立清規」，指的就是這類事情，實際求實地講，這實為佛教大事，功績不可磨滅。

五祖弘忍開東山法門，雖有專門禪宗道場的意味，但仍遵律制，到了馬祖時期，宗風大暢，禪剎興建，百丈則更進一步，於是他根據實際情況制訂出一系列切實可行的新規制，將慧能「不立文字，教外別傳」的主張制度化，立下了著名的「百丈清規」：

1. 不論高下，盡入僧堂；集中參學，人住一處；堂中設長連床，睡臥坐禪在此。

2. 住持稱長老，獨住一室，稱為方丈。

3. 不立佛殿，唯樹法堂。長老上堂說法，或與參學人激揚法要，均於此行之。

4. 行普請法，上下均力，規定集體勞動，以從事農業生產為主。

此外，百丈還制定了叢林要則二十條，這些規章制度既簡單明瞭又符合實際情況，適應了禪宗新形勢的需要，為禪宗的健康生存提供了制度性支援，再加上他偉大禪行的感召，當時的叢林皆尊此制。

一個經濟組織其實就是一個內含眾多變數的小經濟體，它的管理需要具有與其規模相對應的適應性。正如文章開頭所提到的，從管理學的角度看，7個人在公司上就構成一個小組，是個人直接管理的最佳人數；若超過50人，就必須有一套管理機制。要全靠一個人來管，50個人就會亂套。如果超過500人，情況又會發生變化。如此說來，「百丈立清規」是典型的管理學行為。

就企業而言，在自由發揮的創業期，創業者和為數不多的同事一起承擔所有的事務，這時最佳的組織結構就是沒有結構，組織機構只會使新公司窒息或者未老先衰。企業一旦步入發展的快車道，就需要有經過精心制定的規則才能蓬勃發展。隨著公司業務的日趨擴展，它還需要有多樣化的管理人員來處理總部事務，來經營下屬機構的事務。

也就是說，企業的每個階段都有一個最優化結構，如果搞得好就是順利轉型，搞得不好就需要革命。當然革命與轉型是不同的兩回事，前者被認為是破壞性的，而後者是建設性的，意味著積極地改變。

Eleven 要適應主管，
但不能盲從和糊弄主管

　　適應力是人生存立足的基本能力，人唯有積極適應環境，才能更多地享受人生快樂，更好地獲取事業成就。在職場上，就工作關係而言，強調下級服從上級，這是必須堅持的一個原則，同時對個別主管一些不正確的想法、要求，應該按程序實事求是地提出，而不應一味適應甚至盲從。就眼下而言，某些「適應」主管變味的問題實需引起警覺。

　　盲從式適應。常言說，人非聖賢，孰能無過。對於主管，無論其水準多高、能力多強，總不可能做到事事高明、處處正確。因此，對主管的適應，講究的應是能參善謀，注重的應是如何協助主管做好科學決策，正確領會和執行主管的意圖。而有的人則把下級對上級的適應理解為機械和教條地服從，片面地認為，只要主管「指示」了，就不假思索、不辨情由地執行，錯與對那是主管的事。如此被動地適應，到頭來常常是把好經念歪。

　　迎合式適應。上下級之間的關係是由其共同的事業維繫而成的，因此適應的出發點應是齊心協力幹好事業，做好工作。主管奔

波忙碌，部屬多替之分憂；主管遇難解之結，部屬多幫其謀劃；主管操勞傷身，部屬多予以關心。這些都可謂適應的良舉。可是，現在有的人適應之「周全」確實難讓人恭維：主管喜歡喝酒，他跟著；主管愛好打牌，他陪著……總之，主管的好惡愛憎，他瞭若指掌，一味地投其所好。可嘆的是，現在有些主管非但不能明察並果敢地拒絕這些曲意逢迎，反而樂見乃至尋求部屬的這種適應。長此以往，終有損害正常工作關係之虞。

糊弄式適應。有一種人，工作能力平平，也很少把心思放在工作上，而是愛琢磨怎樣對付主管，善於做樣子、鑽漏洞。他們對主管的適應自有一套辦法，一般說來不外乎兩點：一則說得動聽，二則會做花樣。多是「會上表態來得快，做事專等主管在」。擅長糊弄，常常把無說成有，把小的說成大的，把不好的說成好的。以糊弄術來適應和取悅主管，極易使我們的工作陷入被動與尷尬的境地，甚至造成難以估量的損失。主管當擦亮眼睛，不為所惑。

Twelve 你願意消極適應，
還是積極適應？

　　從心理學上說，人的心理在反映客觀世界時具有主觀能動性。人生活在具體的客觀環境中，對各種現實地反映是非曲直，不是照鏡子似的消極被動地反映，而要經過主體在實踐活動中透過一系列的心理活動過程來能動地反映。由於每個人內部的特點不同，即已有的知識經驗、個性傾向性，如需要、動機、理想、信念、世界觀等不同；個性心理特徵，如興趣、能力、氣質、性格以及反映事物時的心理狀態不同；同樣環境下，對同樣客觀現實的反映不盡相同；同一個人在不同的生活時期或在不同的心理狀態下，對同一客觀現實的反映也不盡相同。每個人都可以對自己所處的環境做出積極主動的反應，以良好地適應環境。

　　我們應當在實踐中不斷提高自己的心理控制能力，學會在繁雜的外界環境中整理、分辨、選擇、迴避，更精確、更有效地把握現實環境中有利於自己生存發展的資訊；更善於抓住複雜事物的關鍵，認識事物的本質，淘汰那些與我們生存發展關係不大的無用的刺激。那麼，我們就會擁有突破困境，把握成功的自信與自由。

　　在現實生活中，人們對環境的適應，從適應的方向上看大體有兩種：

　　一種是消極的適應。這種適應是人與環境的消極互動過程。在

這一過程中，個體認同、順應了環境中的消極因素，壓抑了自身的積極因素，即自身的潛能，違背了人的心理發展方向。其結果是環境改造了人，而人未發揮自己對於環境的能動作用。例如，在當前，某些地方社會風氣不正，貪污、腐敗、請客送禮、拉關係、走後門成風。在這樣的環境中，一些善於見風轉舵、溜逢迎馬、阿諛奉承的人「吃得開」、「爬得快」，而那些稟性耿直、堅持正義、實事求是的人卻受排擠、受壓制。在這種情況下，有的人為了「適應」環境，採取了「入境隨俗」的態度，一邊譴責不良的風氣，一邊自己也做著這些「俗事」，和現實環境「同流合污」；有的人則出於無奈，採取「看破紅塵」、安於現狀、不思進取的態度；還有的人為了求得表面上對環境的適應，不恰當地使用「心理自衛」機制，如「壓抑」、「投射」等，使心態發生了扭曲。又例如，人在遭受了挫折的環境下，採取的消極悲觀態度等。這些人都是以壓抑自己的潛能，犧牲個人心理機能和素質的發展為代價，這種對環境的適應是退化，而不是發展。

另一種是積極的適應。積極的心理適應是個體在客觀環境中積極主動地調整自己與環境的不適應行為，增強個體在環境中的主動性、積極性，使自身得到發展。任何環境中都存在著有利於個人成長的積極因素和不利於個人成長的消極因素。積極的適應是要正確地分析自身的特點及環境的特點，從對這二者的分析中找到自己的生長點。心理學家馬斯洛在談到成長與環境的關係時說：「環境的作用最終只是允許他和幫助他，使他自己的潛能現實化，而不是實現環境的潛能。環境並不賦予人潛能，是人自身

以萌芽或胚胎的形態具有這些潛能，屬於人類全體成員，正如他的胳臂、腿、腦、眼睛一樣。」馬斯洛的觀點雖然強調人的先天因素，但他給予我們啓示：每個人都存在著潛能，環境只是才能發展的條件，而不是「種子」。我們對其理論的補充和修正是：潛能發揮的重要條件是個人的實踐，個人在具體環境條件下的能動地活動。將環境中的有利因素和個性中的積極因素統一在自己能動地實踐活動中，人就獲得了一種積極的適應。例如，同是下鄉插隊，面對貧窮落後的農村，有的人消沉，有的人從當地環境出發，發揮自己知識的優勢，在艱苦環境中汲取生活經驗，磨練個人意志，後來成長爲著名的作家、醫生。這些人對環境適應的結果是個人得到了發展。

發展是人對環境的積極適應，我們所提倡的正是這種積極的適應。

Thirteen 怎樣識別富有 適應力的員工？

如何在人力資源管理實踐中識別富有適應力的員工呢？管理者可以從以下四個方面考慮：

一、 問題解決適應行為

識別員工的適應能力，首先是要識別他的問題解決行為，尤其是在不確定情境下或危機困境中的處事方式和行為模式。富有適應力的員工在緊急工作情景下，能迅速分析問題，想出多種解決問題的方案；面對緊急的工作任務，能千方百計，不打折扣地達成工作目標。富有適應力的員工善於控制自己的情緒，客觀面對問題，化解消極情緒，有序開展工作；能及時調整自己的行為，採取靈活多變的應對措施。

富有適應力員工的問題解決行為常常帶有創新色彩。面對複雜、棘手的工作困境，能想出解決問題的新思路、新方法，採取新舉措，打開新局面。在日常工作中，經常向主管和公司相關部門提出簡化工作流程的好辦法。在執行工作任務過程中發現所需資源不足時，能千方百計獲取新的資源。他能從習以為常的工作流程中，發現更能節省時間、改進工作品質的好辦法。

富有適應力的員工在不確定工作情景下，常常表現出色。在全局不明、資料不全的困境裡，能抓住問題的關鍵，有效採取行

動。當情況變化時，能迅速調整工作計畫和工作思路，積極應對。縱有千頭萬緒，也能整理得一清二楚，於不確定中抓住問題的關鍵，持續改進工作績效。

二、 個人學習適應行為

適應需要學習，學習就是適應。識別員工適應力的另一個重要方面，就是看他的個人適應性學習行為。

富有適應力的員工具有很強的知識尋求熱情和學習原動力，不固守已有的知識和經驗，勇於打破自己的心智模式，對新觀念、新技術、新方法極為敏感和渴求。在日常工作中，他尋求每一個可能的學習機會，吸取工作相關的知識、技能，並能恰如其分地應用到實際工作中，不斷提高工作效率。

富有適應力的員工具有很強的快速學習能力。當他被委派到新部門、新職位，面對新任務、新環境，他能迅速吸納多方資訊，從容駕馭局面。就具體工作而言，他能快速掌握新的知識和技能，提前進入角色。

富有適應力的員工有很強的前瞻性學習能力。他能感悟環境壓力對組織持續變革的要求，能預料組織變更對工作所帶來的挑戰。因此，他會基於變革及時儲備相關的知識和技能，在變革中遊刃有餘。富有適應力的員工能順應變革，是變革的推動者，勇於嘗試新的工作思路和方法，提高組織績效。

三、 人際文化適應行為

人際適應是工作適應的一個重要方面，如何與人協作共事，獲取同事、客戶的認同是衡量人際適應能力的重要指標，尤其是新到某個部門，如何在短時間內建立信任關係，獲取同事、下屬的心理認同，至關重要。適應力強的員工人際適應行為表現出以下幾個方面的特點：（1）工作中，他善於傾聽多方意見，及時調整自己的工作思路和方法；（2）他非常關注各方對自己工作行為的回饋，以開放的心態接受來自內、外客戶的負面資訊，把它身為提高工作水準的契機；（3）他能和各種不同背景、不同個性的人一起協作共事，靈活調整自己的心態和行為，適應自己的上級、同事的工作風格和客戶的服務要求。

富有適應力的員工具有很強的文化適應能力。新到一個部門，他能快速瞭解該部門的工作氛圍、工作目標和協作方式，主動調整自己的工作行為，積極順應。新到一個公司，他會細心體察公司文化、戰略目標和價值理念，挑戰自己的思維方式和行為模式，融入組織當中。新到異域他鄉，他能尊重當地習俗，和持不同價值觀的人和諧共處，協作共事。

四、　壓力管理適應行為

由於組織變革加劇，客戶要求提高，工作節奏加快，員工的壓力越來越大。過度的工作壓力使員工本人和企業都將蒙受巨大的損失。據美國一些研究者調查，每年因員工心理壓力給美國公司造成的經濟損失高達3050億美元，超過500家大公司稅後利潤的5倍。富有適應力的員工善於管理壓力，進而避免因壓力過大

給企業和個人造成傷害。

富有適應力的員工在工作陷入困境時，積極尋求能幫助解決問題的資訊；面臨多方壓力，他能冷靜思考，分析問題的來龍去脈，胸有成竹，從容不迫。

富有適應力的員工能坦然面對失敗。當工作出現意外，現實與期望落差較大時，他能以平常心待之，坐而反省，積極尋找補救措施。當工作遭受挫折時，他能提出建設性建議，想辦法解決問題，不抱怨他人。

富有適應力的員工藝高膽大，工作壓力越大，他表現出越近乎完美的專業水準。面對艱苦的工作任務和環境，他的身體很少出現不適應徵兆。面對快節奏、高壓力的工作任務，他精力充沛，舉重若輕。

總之，富有適應力的員工在問題解決適應行為、個人學習適應行為、人際文化適應行為和壓力管理適應行為上表現出獨特性，因此，管理者可以從這四個方面加以識別。富有適應性的員工是現代企業爭相獲取的關鍵人才，因為他們適應工作、適應企業、適應變革，是現代企業在全球商業環境中獲取競爭優勢的中堅力量。

Fourteen 怎樣做適應新行銷時代的高手？

今天是個新行銷時代的社會，我們每天面對很多新鮮事物。隨著社會的新行銷時代，我們原有的自信會消失，原有的環境會變化，市場會變化，我們只有不斷調整自己！我們不能停止改變，只要放棄一次，就會變化成一次無奈。人一生中一次頭都不能低，如果低了一次，就會有第二次、第三次，這也是個新行銷時代，我們必須面對，不能退縮。

一是從心態上改變自己。社會的道德環境發生變化，市場也需要道德行銷。中國現已進入各種文化衝擊的時期，我們如何應對？如何更安全的經營？如何更加審慎？很多公司面對如此衝擊，已經不再投入並且內收。但是我認為一個真正長遠發展的公司，一定要做到真正的「專業品質」，將專業化放到臺面上，在這個方面一定要多思考。地方政策與國家法規銜接上的偏差，各類我們生存的空間，在新行銷時代面前我們有足夠的時間去應對。同樣，各地法規上的偏差就使管理幹部的本地化至關重要，因為「適者生存」，而且「識時務者為俊傑」，如果不熟悉，不適應當地的環境，怎麼生存？面對新行銷時代，要調整心態和觀念，面對國家的政策與法規，面對現階段藥品零售與醫院政策競爭標準的不公平、不規範，我們也只能去熟悉、去適應，不能提個人要求，要追蹤、改善、利用這種偏差。

二是從習慣上改變自己。我們說的習慣是每個人固有的東

西，這種固有的東西必須在做一件新事情時得到調整。在這個企業成功的經驗不能照本宣科到那個企業，要達到內心本質的昇華。

管理上的習慣很多，許多人習慣了不投入資金與知識，但職業行銷人一定要改變這種「小富即安」的習慣。為什麼有些「高人」在一些公司待不久呢？那是因為他沒有發揮原先公司的優勢，只想一味的改變公司人的習慣。試想一下改變這麼多人的習慣是多難，如要加快改變，就會產生對立和抗爭。在市場管理中，只有不斷要求，不斷修正，不斷討論。在體育比賽中，運動員獲了獎，才會懂得教練平時狠心的良苦用意。狐狸很聰明，牠會把牠的子女趕出洞，讓牠們學會生存，而恐龍以龐大自居，卻滅亡了。

三是從觀念上改變自己。從觀念上看，創新和滿足是矛盾又統一的集合。以前，很多公司的市場「龐大」，但現在行銷要求「強大」，「強」是「大」的基礎，盲目求大是自掘墳墓，因此，強大市場勢在必行。許多公司在產品組合上也一樣，不能盲目求多，造成「虛腫」和「浮腫」，要調整產品結構，堅持原則，要依秩序辦事，這是基礎管理，是必須的。

四是從文化上改變自己。企業文化需要協調。對一項工作或任務要描述清楚，不光傳達方要說清楚，接受方也要描述一遍，互相糾正，減少差錯，這不是不信任，而是文化協調。企業要投入一定的人力和物力，而且要求有關管理人員容忍不同文化的意識，關鍵是想出通融辦法。

因此面對日新月異的變化，面對新行銷時代，我們怎麼辦？首先要從心態上、習慣上、觀念和文化上改變自己。

Fifteen 適應，但切莫變成一個俗物

只有適應社會才能有一個立足點（以改造社會），而怎樣才算是適應？在適應的同時如何才能保持覺醒，不被世俗化進而失去熱情與創造性，辜負了改造社會的使命？

社會適應不良是一個心理問題，有時甚至還會涉及到整個人格建構，事關重大。一般的不良，可能會影響到人際關係的緊張、自我的退縮、性格的孤僻、自信心的衰弱等方面，嚴重的可能變得離群索居、憤世嫉俗，變得不修邊幅、不近人情、偏執而狂傲。有的甚至還會導致精神失常。從心理醫生的角度來看，適應不良的危害不容小覷。

但這只是問題的一個方面。

另一方面，一般人的社會適應都可以在良好水準上。適應良好與否很大程度上是以自我感覺為標準的。只要一個人自己覺得這樣挺好，也不出現對他人利益與權利的損害與侵犯，則可視為沒有什麼不好。

問題是，儘管人類文明發展至今已有千萬年的歷史，還是無法擺脫適者生存的生物進化鐵律，不得不在很多場所為了最起碼的生存而放棄更高級的人生目標（比如道德感），以致於做出自己不喜歡做的事，說出違心的話，戴上厚重的假面具，在社會生活中扮演著自己不願意的角色。這一切的痛苦早已在為了適應的口號中消泯了，有的人即使到了為虎作倀助紂為虐的地步，還不自知，更別說覺醒。這就是過度適應了。

　　這樣適應的結果，久而久之便被強大的世俗力量所同化，良知泯滅，是非感、善惡感、真偽感的判斷力趨於虛弱，因而就落入了市儈永劫不復的陷阱；在巨大的從眾心理與既得利益驅使下，不知不覺中，人性比較向美、向善的那部分也就逃之夭夭，又談何改造社會？甚至可以說，這樣的人早就成了社會前進的阻力，成為改革的反對派。過度適應的結果，久入魚肆而不臭，不可能再有改革者嫉惡如仇的個性了。那時的稜角盡失，八面玲瓏，勢利而乖巧，奉迎阿諛，逢迎拍馬，無所不用其極而後快。

　　青年中的不良適應是較常見的，其中體現了年輕人固有的熱情、創造性與社會慣性、習俗之間的矛盾衝突，有時也成為比較嚴重的心理障礙。解決之道在於不斷地學習，加強現實主義教育，提高自身面對挫折、困難與逆境的能力，以比較成熟的姿態與社會求得不損及其改造社會志趣的和平共處，進而達到相對適應。

　　而部分中年至老年人，情況往往是過度適應。因為歲月不饒人，常常在漫長的求生存的過程中，從小小退讓乃至忍讓，直到同

化於落後的社會平均水準，陷於市儈而不自覺。他們變得非常保守、頑固、不敏感、遠離新生事物、害怕社會變革。這部分人的病情其實更為嚴重，病症表現更為隱蔽，病根更為深埋，因而治理也更為困難。又由於表面上的適應假象，大多連求治的需要也喪失了，甚至自覺過得還頗為滿足，因而其危害也就深不可測了。

從本質上說，適應不應當成為健全心理的終極目標，最多只能說是一種生存水準的心理健康。心理學上的健全心理，應當達到發展水準。發展水準的社會適應，不僅要求個體與社會的衝突能在非暴力的和平方式下得以順利解決，更要求個體時時不忘改造社會的使命，並全力以赴參與社會變革中，從中實現人生的價值。它要求當事者的思維、行為都不為現有的習俗傳統所囿，勇於挑戰現狀，積極進取，銳意創新。

$Sixteen$「適應過度」，
另一類職場適應不良

在某市級就業指導中心工作的小言最近又要升職了，這已經是在她兩年前碩士畢業進入中心工作以來的第三次加官進爵，同事自然羨慕。

「但是我一點都沒有成就感。」小言如此說。這是小言目前最大的困惑，她同時還有另外兩份工作。在中心的工作不僅能夠讓小言獲得十分充裕的業餘時間，而且一年中幾乎一半的時間都不用上班，小言於是決定在易趣網上開一家個性小店。小言是學藝術的，在我看來各方面能力都很強，從學習的專業到工作都被父母設計好了，而小言總能夠不辱使命，順利完成父母希望她所做的每一步。小言在網上經營的是中國的手工藝品，這讓小言覺得開始了一個自己想從事的事業了，至少是工作內容本身。小店生意清淡，倒也為小言找了不少怡情養性的樂趣。

「一次偶然翻開一本著名的時尚雜誌，看到一則關於色彩工作室的報導，我馬上意識到這正是我一直以來想要做的時尚與藝術相結合的工作。」小言談到這裡顯得有些興奮，因為她已經擁有色彩顧問資格證書，現在也已順利成為國內首家色彩工作室的兼職顧問。

小言很想辭職，然後自己獨立開一家工作室的，但是不知道她自己的決定是否正確。

適應過度指的是個體在所從事的社會活動中，能快速地適應活動規律（規則）並加以利用，能輕易取得成功，因而體會不到成長和成就感。

從小言同時從事三份工作的狀態可以看出她在「適應」上的能力很強，但是通常由於適應過度而產生困惑的原因有幾個方面：

一是我們對於自己的期望值是否訂得過高？如果自己為自己設定的目標十分遙遠，並且對目標的描述十分模糊，對於自己當下的工作和計畫缺少實際的指導意義，那麼即使在取得了在外人看來的成就後，從自己的評判標準出發還是不認為這是「成功」，因而體驗不到成就感。

其二，對於自己的將來缺少考慮，沒有負責地設想過自己的性格、興趣、專長、能力、管道、人脈適合做哪些、能做哪些、最應該做哪些。就像一場沒有方向、沒有終點的長跑比賽，雖然已經跑完了十公里，但自己絲毫體會不到完成比賽的喜悅，即使自己其實是跑得最快的那一個。

第三點也是最具偽裝性的一個原因，缺乏自信心也同樣可以造成適應過度。聽起來似乎這個理由不夠符合科學的標準，其實不然。一個人能力很強，但同時如果缺乏自信，那麼他就十分可能以另外一種形式表現出來他對於安全感的追求。也正因為對於自己的工作缺少自信，不相信自己可以取得的成就，所以在忙著給自己找「後路」，於是第二份、第三份工作就出現了，其實這只是掩蓋虛弱內心的一種外在強勢表現罷了。

第七章
既做心靈適者，亦做感官適者

評書中形容「大將軍」的力量大，經常用擁有「抱牛之力」來形容。那麼，「抱牛之力」是如何練出來的？據說，是從小練起的。怎麼練？人從小開始練習抱小牛，隨著人成長，牛也成長；人不斷堅持抱牛，牛長大了，人的力量也隨之增長了。在這裡，牛的重量就是運動刺激，隨著適宜的運動刺激而增長運動素質的現象就是人體的適應性規律。

One 適應，
有一個逐步遞進的心理過程

　　「適應」是著名的英國生物學家達爾文《進化論》中的基本觀點。他透過對生物的長期觀察和調查研究，得出生物界著名的基本規律——「適者生存」和「用進廢退」。他精闢地闡明，生物界包括人類本身，只有適應環境才能生存和發展；對於生物及人的各器官功能來說，只有不斷使用、鍛鍊，其效能、結構才能完善和發展，否則會退化、淘汰，甚至消失。人類正因爲具備了良好的生物學適應功能，才能在變化多端的自然界中生存並且不斷進化，逐漸把自己從動物界中提升出來，有了高度完善的大腦神經結構和功能，創造了人類燦爛的精神文明和物質文明。

　　上述一切都說明，適應是我們人人都能夠做到，而且也能夠做好的。當然適應要有一個過程，這個過程人人都要經歷，只不過有的人需要的時間短一些，有的人需要的時間長一些。從心理學的角度研究，適應的途徑——適應的心理過程，主要包括以下幾個步驟：

需要：人皆有之

　　著名心理學家馬斯洛對人的動機進行了研究，他認爲人的需要可以分爲五個層次：

生理的需要。即對食物、飲料、居住及性的需要等。這是人生存的基本需要。

安全的需要。每個人都有安全感的需要。每個人都希望有人關心他，愛護他，從而使他獲得一種安全感。每個人都希望自己具有某種技能和比較穩定的職業，使他在社會生活中有一種安全感，進而在心理上保持一定的平衡，否則就會產生恐懼與不安。

歸屬是愛的需要。馬斯洛說：「愛是一種人與人之間健康的、親熱的關係，它包括了互相信賴。」愛的需要涉及給予和接受愛……。每個人都希望得到別人的愛和友誼，希望被一個團體所接納，否則就會感到緊張或不安全。

尊重的需要。馬斯洛發現，人們對尊重的需要可分成兩類──自尊和來自他人的尊重。自尊包括對獲得信心、能力、本領、成就、獨立和自由等的願望。來自他人的尊重包括威望、承認、接受、關心、地位、名譽和賞識等。一個人不能得到自尊與他人的尊重就會緊張、失望，產生情緒波動。

發展的需要。這是人的最高層次的需要。他認為人在基本需要得到滿足之後就會產生一種發展的需要。這種需要使人更有自發性，更完整、更完善、更豐富、更和諧、更自由，使人能夠最大限度地追求自我價值的實現。

阻撓：適應的困惑

　　阻撓是指一個個體如果不能利用其現有的習慣機制來滿足它已產生的需要（動機）的情況。比如，一隻貓餓了的時候，牠只需吃掉面前的食物就可以了。這是牠的習慣機制。但當把牠關在籠子裡，牠不能直接吃到食物時，已有的習慣機制不能達到對問題的恰當解決，這就要求牠必須建立一種新的機制，來減輕由饑餓引起的內驅力的刺激，才能得到滿意的結果。對於人類來說，如果對某種環境已經建立了某種可以適應的機制，這就是習慣性機制。但是，當環境發生變化，這一套習慣機制達不到問題的解決時，就發生了阻撓。面對阻撓狀況，人們便會產生不同程度的緊張與焦慮。

　　阻撓滿足人們需要的情況大體有三種：一是環境的阻撓。例如，想正常騎車上學，可是天空下起了大雪，路非常滑，於是使正常上學活動受到了阻撓。又如，到了一個新的工作環境，工作性質、人員特點都與先前有很大的不同，如果還用以前的生活方式就很難適應了。二是個人的缺陷，即個人生理上、智力上、能力上的某些缺陷。例如，一個個子矮小的中學生想要報考外交學院，身高不足的生理缺陷使他想當外交官的動機受到了阻撓。又如，一位大學生很想競選學生會主席，但表達能力欠佳，使他的動機實現受到了阻撓。三是一些相反需要的衝突。例如一個新入學的大學生，一方面需要馬上靜下心來集中精力學習，另一方面又非常思念父母，這兩種需要相互衝突，使他產生緊張不安的情緒，他需要尋找一種新的適應機制來適應大學的新生活。

反應：尋求成功的適應

　　在上述美國桑代克的經典實驗中，貓在籠子裡，為了吃到籠子外的食物而亂跳、亂咬、亂抓的反應是一種嘗試與錯誤的反應。貓是在用過去已經建立的習慣機制來解決問題的，當種種嘗試不能解決問題時，就成為了錯誤的反應方式。當貓持續這種反應方式，直到偶然碰到了籠門的開關，衝出籠門，吃到食物，問題才解決了。牠撞開籠門開關的反應方式是新的適應方式，但這是動物盲目的反應。而人在面臨一種新的情境，用以往習慣的反應方式嘗試解決問題失敗時，就會主動尋找一種新的能夠解決問題的反應方式。人適應環境的效果很大程度上取決於他不斷變更自己的反應，直到取得成功為止。當人們還未能找到一種成功地解決問題的反應方式時，常常在情緒上表現出緊張、焦慮、沮喪的情形。因此，需要幫助人們在面對不適應時，一方面積極嘗試，尋找成功解決問題的反應方式，另一方面要保持一種積極解決問題的心理狀態，消極的心態不利於思考新的解決問題的方式。

適應：消除緊張

　　從心理學的觀點看，構成一個問題解決的唯一標準就是能夠減輕緊張。只要任何一個反應能夠減輕一個個體的內驅力所引起的緊張，原來的活動就會結束，這算是一種適應問題的解決。行軍途中乾渴的戰士，喝到了甘甜、清涼的泉水，消除了由於渴引起的內部緊張狀態，進而使問題得到了適當的解決。行軍途中始

終沒遇到清泉，說一段小酸棗的故事，也能緩解由乾渴引起的內驅
力的緊張，也是一種適當的解決問題的方式。教師非常渴望分配到
住屋，但此次房源有限，不可能解決某位老師的住房困難，負責人
一席溫暖、關懷的話語也能緩解他的緊張情緒。心理諮詢雖然不能
幫助人們達到他實際生活中某一具體事件的問題的解決，但可以提
供給他一種新的適應心理，減輕他的衝突與緊張，也是一種解決方
式。

$\mathcal{T}wo$ 「抱牛之力」與人體適應性規律

　　評書中形容「大將軍」的力量大，經常用擁有「抱牛之力」來形容。那麼，「抱牛之力」是如何練出來的？據說，是從小練起的。怎麼練？人從小開始練習抱小牛，隨著人成長，牛也成長；人不斷堅持抱牛，牛長大了，人的力量也隨之增長了。在這裡，牛的重量就是運動刺激，隨著適宜的運動刺激而增長運動素質的現象就是人體的適應性規律。

　　現代運動科學認爲，人體的適應性規律具有四個特點：普遍性特點，特殊性特點，異時性特點和持續性特點。

　　普遍性的特點是指人的運動適應性是普遍存在的。簡單地說，鍛鍊就會進步。當然，鍛鍊必須要運動量適宜。如果「大將軍」小時候就直接抱大牛，我想，不僅練不出「抱牛之力」，可能還會帶來運動傷害，更談不上增強體質。

　　特殊性的特點是指不同性質的運動刺激產生不同的運動適應。簡單地說，就是練什麼，長什麼。例如，拉柔韌才能長柔韌，練力量才能長力量，練耐力才能長耐力，不可能拉柔韌卻長出耐力來。「大將軍」練習抱牛，是爲了長力量，他不會因爲抱牛，而練出「童子功」來。這就告訴我們，大眾的健身一定要先請人幫助診斷一下自己的體質有哪些不足；知道了不足再選擇正

確的方法進行有針對性地鍛鍊，鍛鍊效益才能夠高。

異時性的特點是指人對不同性質的運動刺激產生的運動適應時間是有差異的。簡單地說，就是有的運動素質好練出來，有的運動素質難練出來。例如，耐力就相對比較好練出來，而隨著人年齡的增長，增長柔韌素質就需要更多的時間。因此，健身鍛鍊中，對不同身體素質提高的異時性應有心理準備，相信它可以提高，堅持鍛鍊不要急於求成。

持續性的特點是指人對產生的運動適應如果不保持持續的適宜運動刺激，它是會消失的。簡單地說，就是「用進廢退」。「大將軍」練習抱牛是從小練起的，持之以恆，終於練就「抱牛之力」。

Three 讓我們的感覺
更好地適應世界

感覺的適應是由於刺激物對感受器的持續作用，而使感受性發生變化的現象。適應可以引起感受性的提高，也可以引起感受性的降低。

人的周圍環境的變化幅度十分巨大，適應機制使人能夠在變動著的環境中比較容易進行精細分析，進而實現較準確的反應。

適應現象存在於一切感覺中，但是在各種感覺中適應的表現和速度會有所不同。

觸壓覺的適應相當明顯。我們安靜坐著時，幾乎察覺不到衣物的接觸和壓力。一些人手錶戴久了連什麼時候丟的都不知道。實驗證明，只要經過3秒鐘，觸壓覺的感受性會下降到原始值25%左右。溫度覺的適應也很明顯，從覺得水冷、水熱到不覺得，只需要三、四分鐘。當然刺激過強是難以適應的。

視覺的適應可分為暗適應和光適應。從光亮處進入暗室，一開始會什麼也看不清，過一段時間以後，我們漸漸能夠分辨出室內物體的輪廓，這種現象就叫做暗適應。暗適應是環境刺激由強向弱過渡時，由於弱光的持續作用，導致對弱光感受性的不斷提高。實驗顯示，在最初的5～7分鐘，感受性提高很慢，經過一個小時左右，相對感受性可提高20萬倍。相反，由暗處走到陽光下

時，最初感到耀眼發眩，什麼都看不清楚，經過幾秒鐘後才能恢復正常。這種現象稱為光適應。由於視覺適應（特別是其中的暗適應）需要較長的時間，在一些明暗交替的條件下工作人員會感到困難，採用紅光照明可以收到較好的效果。

跟視覺的適應相比，聽覺和痛覺的適應不很明顯，但我們還是能夠感受得出來。如果用較強的噪音持續作用於人，會引起聽覺感受性降低的明顯適應現象，甚至出現感受性的部分喪失。

嗅覺的適應速度以刺激物的性質為轉移。一般的氣味只要經過1～2分鐘就可以適應，比較強烈的氣味則需要10幾分鐘，而特別強烈的氣味是很難適應的。

研究顯示，嗅覺和聽覺的適應帶有選擇性。如果以一定頻率的聲音作用於聽覺器官，只是降低對該頻率以及和它相鄰頻率聲音的感受性。對某種氣味適應也不影響對其他氣味的感受性。

某些感覺的適應還受注意力是否集中的影響。比如痛覺，注意力的轉移會加速和加強其適應。

人的遺傳為感覺提供了生理基礎，但是，感覺紀念是在後天的生活實踐中發生並發展起來的。先天遺傳和後天生活實踐是決定感覺發展的重要因素。

對於各種感覺器官都正常的人，由於生活環境和職業訓練的不同，在某些感覺的感受性上，特別是差別感受性上，會表現出很大的不同。研究顯示，磨工的視覺感受性異常發展，他們能看到

0.0005毫米的空隙,而一般人只能看到0.1毫公尺的空隙。染色專家可以區分出40～60種灰色,而沒有受過訓練的一般人根本辨別不出這許多等級。有經驗的飛行員能察覺出發動機每分鐘1300和1340轉之間的差別,一般人只能分辨出1300～1400間的差異。同樣,音樂家的聽覺高度精確、調味師的嗅覺味覺靈敏也是後天培養的。

對於某種感覺器官有缺陷的人,由於生活的需要和特殊的訓練,他們的其他感覺會得到異常的發展,進而產生補償的作用。眾所周知,盲人的聽覺和觸覺比一般人發達,他們憑藉這些高度發達的感覺,可以判斷刺激物的位置、分辨物體的質地和特性等。

在一定條件下,各種感覺之間都會發生相互影響、相互作用。例如,咬緊嘴唇或握緊拳頭,會感到身體某一部分的疼痛似乎減輕了些,有實驗發現,在綠光照明下會提高人的聽力,紅光使人聽力降低。在牙科手術中,音樂和噪音的適當結合可以鎮痛。

一般的趨向是:對一個感受器的微弱刺激,能提高其他感受器的感受性,而強烈的刺激作用相反。

Four 人類進化的基因，
乃識時務的俊傑

美國科學家2006年的最新研究成果再次證實了達爾文進化理論的可靠性。他們在對世界各地居民的基因結構進行抽樣研究後宣佈，在最近15000年以來，人類的基因已發生了極為顯著的變化，人體內還出現了一些基因以適應新的社會生產、生活方式。

在研究過程中，芝加哥大學的科學家們採用了一套特殊的統計方法來測定人體基因片段。結果顯示，在最近一個冰川期結束以後的15000年中，隨著農業的迅速發展和人口密度的增加，人類的基因已發生非常明顯的進化——人體內出現了一些專門負責新陳代謝過程、皮膚色素沉澱、大腦活動以及生育功能的新基因。

據《新科學家》雜誌刊文稱，人體700個基因中的大多數都經歷了自然選擇的影響，尤其是那些負責嗅覺和受精過程的基因，在之前的數百萬年時間裡發生了極大的變化。

不過，一些與文明社會聯繫密切、而受自然環境影響較小的基因特性人類卻獲得比較晚，這其中就包括那些參與碳水化合物和脂肪酸代謝的基因。 據參與該項研究的約拿坦‧普里查德博士表示：「有理由認為，相當一部分人類基因的變化是為了適應那些隨

著農業發展而新出現的食物。」

科學家們表示，隨著各種動物乳製品的日益流行，人體中還出現了一些參與乳糖代謝的基因。此外，歐洲人較淺的膚色也是基因進化的結果：由於歐洲北部地方陽光輻射強度較低，必須降低皮膚顏色才能保障人體合成出足夠的維生素D。

在此項研究過程中，科學家們共對來自非洲、東亞和歐洲的209名志願者的基因構成進行了分析。結果顯示，在科學家們分離出的700個基因中，有大約四分之一是所有人共有的，其餘的則分別為不同種族的人所特有。

芝加哥大學的科學家們還宣稱，此次研究過程中所採用的分析方法主要基於是那些不太穩定的DNA片段——它們所代表的正是那些形成時間還不太長的基因。同時，某一種基因分佈的廣泛性也顯示了人體在進化過程中對它的需求。

對於醫學家們來說，查明基因在進化過程中發生的變化具有非常重要的意義——有助於發現某些疾病與現代社會條件之間存在的關聯。不過，想要最終證明某個具體基因發生進化的意義，還必須對那些由基因所決定的蛋白質的功能進行詳細分析。

Five 你有怎樣的氣質特性，就有怎樣的適應特徵

氣質是個人在進行心理活動或在行為方式上表現出來的強度，速度、穩定性、靈活性和指向性等動態的心理特徵。既表現在情緒產生的快慢，情緒體驗的強弱，情緒狀態的穩定性及情緒變化的幅度上，也表現在行為動作和語言的速度以及靈活性上。氣質可以決定個人的刺激需求，表現在對環境有一定的選擇或逃避活動；氣質可以調節或矯正環境刺激對個人的作用，進而決定個體反應性水準的強弱。

氣質規定著個人的適應性特點並對個人的適應活動表現發揮動力作用，不同的活動對氣質諸種特性的要求各不相同，具有不同氣質特性的個人對社會環境的適應活動也表現著其差異；因此，人的適應性培養必須針對每個人的氣質類型特性的差異，採用不同的對待方式和訓練方法，科學地制定針對不同氣質特性的個人適應性評估指標；形成適合不同氣質特性個人的多樣化的社會適應模式。

認知自我控制是指在社會認知中，個體能夠控制自身認知體驗的表現，使個人的認知體驗不被他人所察覺，進而使個體與外界保持平衡，這是自我意識作用的結果。社會心理學中有關認知自我控制的實驗證明，凡是能激發個人產生焦慮的社會刺激，或者將要帶來不愉快的刺激，在其生理反應上以及情緒反應上均非常敏感，但認知傾向卻不積極，個體在認知反應上把這些刺激帶來的體驗壓抑

下來，進而減少焦慮，適應社會。在現實生活中，人們也常常對自己的認知反應加以控制，常常將自己對某些人或行為或事件的真實感受和情緒壓抑下去，竭力使自己在外顯行為（包括表情，姿勢等）上不表現出來，借助自我意識來對自身的認知活動進行控制調節，以適應社會環境，和社會環境保持一致。

在社會心理學裡，認知論的主要觀點是，個人的行為決定於他對社會情境的知覺。不論社會情境是如何雜亂無章，人們都會很自然地把對某一社會情境的知覺、想法和信仰組織成一種簡單而有意義的形式，使之變得更有規律可循。這種對環境的知覺組織和解釋影響著一個人對社會情境的反應。因此，人們具有強烈的欲望希望使他們的認知結構具有一致性並賦予意義。如果不一致，人們就會改變或者重新安排對環境的看法，使之達到協調一致，緩解或者排除不一致帶來的情緒壓力進而更好地適應變化莫測的社會環境。

在一已知的情境下，改變或重新安排對環境看法的方式有很多，平衡理論採用「最努力原則」來預測人們決定採用何種方式解決不一致，即在最終平衡的目的下，人們以改變最少知覺關係的方式為之。而認知失調論在預測人們如何處理態度與行為之間的不一致時，特別指出，假如行為無法取消或改變，解決不一致的主要方式就是改變自己的態度，使其與已發生的行為保持一致。一致性趨力是個人社會態度的一種適應機能。

個人的自尊感是一種積極的行為動機，它有助於個人克服困難和本身的弱點，以便達到社會期望他們達到的那種成果，同時

它還能夠促使個人隨時調動自尊防禦功能去合理地維護自己的尊嚴。個人的自尊防禦功能可能表現爲無意識防禦，也可能表現爲有意識防禦。無意識的自尊防禦功能主要有壓抑作用，投射作用，攝入作用，自居作用，合理化作用，昇華作用，解脫作用，轉換作甩，退行作用，補償作用，幻想作用和曲解作用等。無意識的自尊防禦功能是處在挫折與衝突的緊張情境中的個人，爲了保持自身情緒的穩定和平衡的一種多爲不自覺的適應性傾向。

有意識的自尊防禦功能主要是自利歸因，專指那些能顯耀自我或防禦自尊的歸因，即個人傾向於將自己的成就歸於內部因素，譬如自己的能力、工作的努力或是一般的優點，而傾向於將自己的失敗歸因於外部因素，譬如運氣的不佳、工作有難、氣候不好、環境的壓制等等。自利歸因是歸因過程中最普遍的動機性偏誤，是個人爲了保持自尊以及保護自己免於自尊受損的需求，它有自我表現和印象整飾的作用，以使別人給自己較高的評價。

Six 人類對寒冷環境的神奇適應

人類對付寒冷的反應既涉及遺傳適應，也涉及生理適應。專家們用實驗判斷人類對寒冷的遺傳適應和生理適應的相對效應。實驗對象分為三個組：奇楚亞印第安人、有奇楚亞印第安人祖先的大學生、秘魯的白種人大學生。三組受試對象生活在大致相同的海拔高度，但是兩組學生在寒冷的環境下生活的時間較短。當受實驗者的手指在實驗室裡暴露到寒冷中時，兩組印第安人以非常相同的方式對寒冷做出反應，他們的反應與白種人不同。與白種人相比，兩組印第安人手指溫度下降較慢，而且較快重新變暖。因此，這種現象可能是一種遺傳適應。

奇楚亞印第安人透過增加四肢血流量的方式保持四肢的溫暖。但是，溫暖的血液流向四肢，熱量會透過輻射散發出去。這種熱量的損失如果時間過長，會使體內溫度下降，導致損傷或死亡。因此，使四肢溫暖與熱量損失兩者之間要保持平衡。人類透過四肢血管週期性的收縮與擴張維持這種平衡。這種週期性的血管運動稱為「振盪」反應。當手暴露到寒冷中時，血管收縮有助於阻止熱量損失。在15分鐘後，小血管擴張，溫暖的血液流向手部，使手部組織重新變暖。隨後，小血管再次收縮。這種「振盪」反應對於手部在寒冷中保持靈活性非常重要。所有人類都會出現這種反應，但是，愛斯基摩人的這種反應較迅速而強烈，這使他們在嚴寒的環境中仍然能保持手腳靈活。愛斯基摩人還透過提高代謝率和產熱量的方式對付嚴寒。這與他們的食物結構有關。他們主要以海豹為食，海豹肉含有豐富的脂肪和蛋白質。愛斯基摩人代謝率較高也可能與遺傳有關。另外，高原奇楚亞印第安人、平地奇楚亞印第安人和白種人全身暴露到寒冷中的實驗顯示，平地奇楚亞印第安人的反應與白種人相似。這種現象是一種生理的和非遺傳的相似性。此外，對付寒冷壓力的反應與對抗高原壓力的反應可能有相互促進作用。

Seven 如何提高自己的
心理適應能力？

面對紛繁複雜的現代社會環境，人們越來越需要具有良好的心理適應能力，保持良好的精神狀態、社會適應和人際關係，以勝任各項富有挑戰性的工作。否則便會產生自卑感和自信心不足，跟不上現代社會的節奏。

如何做好心理適應調整？首先要客觀地認識自我，樹立起信心，其次是建立起一個現實的期望，對自己的發展必須建立在現實的基礎上，並建立起適當的代償機制，揚長避短，爭取成功；再次，是對生活採取開放態度，處處替他人著想，切忌以自我為中心，要胸襟坦蕩，善於接受別人及自己。最後，在工作中及與人交往上做好自我調適，平衡心理，才能在激烈的競爭社會中得到發展，保持良好的心理適應能力。

請不要過分壓制不良情緒。「喜怒不形於色」意為遇到喜事或氣憤的事情時，要控制自己的情緒，不要流露於外表，這種做法常常被一些人認為是有涵養的表現而倍受推崇。然而，事實上，富有感情的人才能很好地與別人交流，才會導致心靈的溝通。過分壓制情緒非但不利於人與人之間的交流，而且有害於軀體健康。不良情緒如果受到過分抑制，很可能會轉移到內臟器官，引起或加劇心悸、腹脹、食欲減退、噯氣、頭昏腦脹等，甚至可能誘發身心疾患。

美國一些專家曾對哭泣進行過大量研究，認為動情的眼淚包括著高濃度的蛋白質，能減輕感情上的壓力，有益於健康，因此，如果已經產生不良情緒，就應當透過適當的途徑加以渲洩，不宜過分壓抑，心理諮詢就是一個很好的途徑，讓感情得以抒發，遠比深藏於心底要有益許多。

Eight 人的使命：
適應並改造環境

　　許多歷盡滄桑的前輩向我傳授人生的真諦時，常會言簡意賅地說出四個字：「適者生存。」作為人生多年經驗的總結。

　　誠然，人必須適應環境，才能生存立足，「物競天擇，適者生存」是達爾文早已闡明了的自然界的生物進化規律，在人類社會中同樣也發生著作用，適應環境才能夠生存，才能夠發展，才能夠繁衍延續。適應市場的，是市場競爭中的強者；適應官場的，是官場爭鬥中的勝者。

　　作為一個生物，適應環境就足夠了，但是，身為一個人，它卻似乎不是全部，否則，人與其他生物又有什麼區別呢？沒有公理，只講強權，沒有正義，只有利益，弱肉強食，那是社會達爾文主義，是早已受到人類唾棄的觀點和行為。

　　身為人，不僅應該適應環境，而且要改造環境。人之所以成為人，也正是由於人在具有適應環境能力的基礎上具有了改造環境的能力。人從自然之火中撿拾燒熟的獵物時還不能稱其為人，當他學會了用火來燒烤獵物甚至人工取火取暖做飯時，他才真正成為了人。人透過對環境的改造，創造了工具，擴大了能力，使荒原變作良田，野草變作農作物，野獸變作家畜，修築了道路，建起了房舍，自然世界在人的作用下更加適合人的生存與活動，

現代人與古代人所處的自然環境已迥然不同。沒有人對環境的改造，縱使人有多豪華的汽車，也找不到賓士的道路。況且，沒有對環境的改造，又何來的鋼鐵、汽油，作為何來的汽車供人馳騁？

對於自然環境如此，對於社會環境也是同樣的道理。如果沒有人對社會環境的改造，人類社會就不會有變遷，人類文明就不會前進，人類出現時是什麼社會制度，現在還仍然是什麼社會制度。當年多少革命英雄拋頭顱、灑熱血，為的不就是改變落後黑暗的社會制度嗎？沒有他們的抗爭和努力，怎會有歷史的進步、社會的改變？

現在，社會生活中有不少人一味強調人對社會環境的適應，而淡忘甚至隻字不提人對社會環境的改造，只認識到人在社會中的被動性，忽略了人在社會中的主動性。這種理論指導下的實踐，就會出現這樣的行為：社會風氣不好，他也只好學壞，同流合污，隨波逐流；官場流弊甚深，他也便欺上瞞下，鉤心鬥角……結果，社會風氣越來越壞，官場流弊日益加深，這些適應者也便不斷適應，更加適應，形成一種惡性循環，而人的良知也在一點點燃盡，人類文明在一點點黯淡。

適應環境，並改造環境，使環境朝著更美好、更文明、更理性的方向變化，這是人之所以稱為人的標誌，也是人與生俱來的義不容辭的使命！

當你身邊有不文明的人或事的時候，你首先有適應的必要，不要使這種不文明的人或事將你吞沒；同時，你也要設法改變這個環

境，使環境朝著文明的方向轉變。這也許需要耐心，需要智慧，需要勇氣，需要團結，需要抗爭，需要付出努力甚至犧牲。那些對社會的發展負有特殊責任、具有特殊作用的人們，如黨政官員、輿論工作者、文人墨客、社會名流等，更應負起改造社會環境的責任，當仁不讓，捨我其誰，為文明的發展、社會的進步盡可能地發揮自己的積極作用，不辱歷史使命，不愧人的稱號。

其實，身為每一個有正義感的人，都應具有這種覺悟和意識，盡自己的能力，減少或抑制與人類文明和社會發展背道而馳的消極社會現象。馬克思說過：「人類歷史的發展就像平行四邊形的對角線，是不同方向的諸多力的綜合作用的結果。」那諸多的力之中，其中就包含著你我的綿薄之力，雖然很小，但卻是不容置疑的客觀存在，具有不容置疑的客觀影響——這種影響是消極的還是積極的，關鍵就在於你自己的選擇，你也可以選擇不身為，但那是你放棄了做人的權力和責任，那是一種格外的悲哀。

Nine 人類對高原環境
的神奇適應

在秘魯高原的奇楚亞印第安人生活在高原環境已經很長時間。安第斯高原在海拔2500公尺以上，而印第安人生活在更高的安第斯山上。有些印第安人的居住地位於海拔5200公尺，有些奇楚亞男性做礦工，短期工作在海拔6100公尺的區域。

生活在高原環境中的人類必須適應他們所呼吸的空氣的低氧分壓。就是說，海拔4500公尺高原環境空氣中的氧的百分比與在海平面處相同，但是，推動氧氣穿越肺泡膜進入血管的壓力降低。在高原環境中，氣溫也低於相同緯度的平原。因此，生活在安第斯山區的居民不僅要面臨氧分壓低的壓力，也要面臨寒冷的壓力。

高原壓力的效應在不同的群體中是不一樣的。奇楚亞印第安人胸腔的大小與生活在尼泊爾高原的西藏人胸腔的大小是不一樣的。與西藏人相比，年紀較小的奇楚亞印第安人開始發育時胸寬較小，但是，當發育完成時，他們的胸寬卻大於西藏人。在發育早期，西藏人的胸深（胸部矢徑）一直小於奇楚亞印第安人，但是，在發育快完成的最後時刻，他們的胸深的大小趕上了奇楚亞印第安人。以登山技術著稱的謝帕斯人的胸圍明顯小於西藏人。這種變異可能有遺傳基礎，也可能反映了諸如營養和一般健康狀態等因素的差異。

在生長發育時期對高原環境的多方面的適應都會影響身體的形

態，因此，高原地區青少年的發育過程會發生改變。生活在高原的居民，他們的右心室較大有助於將血液泵向肺。他們的生長發育時間也發生改變。生活在高原的奇楚亞印第安人與生活在海平面地區的美國人相比，前者的男性和女性均有較長的生長發育期，而且他們的發育高峰較不明顯。其他的高原群體也已知發育相當緩慢。高原群體發育緩慢和延遲成熟實際上是對高原地區食物供應受限制的適應。

專家們研究了生活在高原環境不同時間長度的婦女所產新生兒的體重。結果顯示，出生時的體重是新生兒健康的主要指標，體重較輕的嬰兒，死亡的危險性較高。將在青春期或青春期前移居到科羅拉多州利德維爾（海拔3200公尺）的育齡婦女與在青春期之後移居到該地區的婦女進行比較，結果顯示，較早到達高原地區的婦女，她們生下的新生嬰兒的體重較重。因此，在生育成熟期之前承受缺氧壓力的婦女對高原環境具有適應性。奇怪的是，第三組被調查對象，即在高原地區出生和長大的婦女，她們生下的新生兒的體重是最輕的。

當成年人面對在青少年期未曾遇到過的環境壓力時，會出現兩種類型的身體反應：首先立即出現不是非常有效的早期反應，然後出現較長時間的服習或氣候適應。當居住在平原的人初次面對高原缺氧的環境壓力時，會出現呼吸頻率加快，脈搏加快，血壓升高，心臟輸出量增加，動脈擴張等反應。這些都是透過增加心臟工作量以向組織提供更多氧氣的不太有效的嘗試。第二階段的反應透過產生更多的紅血球和血紅蛋白減緩心臟的負擔，這

樣，血液便可以攜帶更多的氧氣。肺的體積和表面積也輕微增大，這使得肺更容易從紅血球中得到氧氣，並且將二氧化碳帶給紅血球。血液與肌肉之間的氣體傳送透過肌肉中血管網擴張而得以增強。

奇楚亞印第安人對缺氧的高原環境的反應可能涉及遺傳適應。對兩組的秘魯學生，一組是奇楚亞印第安人，另一組是「白種人」（可能與奇楚亞印第安人有一些混血）進行比較，兩組學生均出生和長大在海拔3700公尺的高原，結果顯示，在相似的環境中，奇楚亞印第安人具有較高的耗氧量，並且能更有效地向組織供應氧氣。與此相似，被帶到高原的歐洲人的耗氧量下降了約20%，而在海平面出生和長大的奇楚亞印第安人移居到高原時耗氧量只下降約10%。

出生時的體重與嬰兒的生存率有關，在高原環境，最理想的出生體重是較輕的。她認為，出生時嬰兒體重較輕出現在居住在高原時間較長的產婦組中反應了一種遺傳適應。出生時體重較輕的基因在高原環境中具有選擇優勢，因此，這種基因變得越來越普遍。

Ten 社會化是適應性培養
的出發點

　　適應這一概念原本是指生物在競爭中適合環境條件而形成一定性狀的現象。人不僅是一個生物體，更重要的是一個社會成員，因此，人的適應主要指社會的適應，就是指個體在自身努力或外界環境的作用下，形成符合社會生活條件和滿足個體需求的某種心理行為模式的過程。人的適應性則是個體為完成某種社會生活適應過程，形成相對的心理行為模式的能力。在人的培養上，社會適應性往往指某一種類心理行為模式中個性特徵所適應的社會生活環境範圍大小。凡社會認知，社會情緒，社會技能及社會行為習慣等社會心理特徵在多種情境裡保持相對穩定的心理行為模式，稱為一般社會適應性好，或者具有廣泛的社會適應性。有的心理行為模式僅能適應於某些特殊情境，則稱為特殊社會適應性好。

　　在特定的社會與文化環境中，個體形成適應於該社會與文化的人格，學習和掌握該社會所明確規定的行為規則以及不成文的社會常模的過程，叫社會化。

　　社會化是使社會和文化得以延續的有效方法，社會化誘使兒童和社會成員去做那些能使社會正常運轉而必須做的事情。社會化包括這樣一些影響：父母為教育子女而對他們進行指導與控制；人們透過語言學習和形成人格而實現相互作用；身為社會角

色模式的示範和遵循；婚姻與生兒育女的準備；個人初次進入職業角色以及許多其他類型的訓練；社會活動的參與等等。

　　社會化也就是社會群體用來同化其成員的各種壓力的總和，而這許多壓力乃是用來使群體中的個人就範該群體的法則和常規的有效工具。社會控制和管理的有效性的根本保證就是透過政治社會化，民族社會化，法律社會化，角色社會化，道德社會化等過程使其社會成員適當地參與社會中的各項活動；進而為群體所接受。

　　一個社會群體所奉行的法則或行為規範，對於群體中的個人具有相當的約束力。處於群體中的個人必須對群體所期待的行為準則有所認識並加以遵循，逐漸內化，即把群體規範內化到個人的價值觀念系統中，變成自己的東西。這種社會規範的內化是個體透過外部活動結構建立起來的內部心理結構，亦即心理行為模式。

　　身為生物體的個人，一出生就被置於一個複雜的社會環境中。他必須透過其他個體及群體的相互作用來學習社會規範，滿足其在一定社會情境下的個人需要；社會化的目的就在於使經歷這一過程的個體能夠適當地參與社會生活，為群體所接受。個體只有經過社會化才能由自然人變為適應社會的人。社會化也就是人的適應性培養的出發點。

Eleven 人的社會適應性，
是透過互動形成的

　　人的社會適應性，是透過互動形成的。人際互動的適應性主要表現在三方面，即人際間溝通的能力，人際關係狀況以及人際互動的協調模式。

　　人類的親和傾向即希望與別人在一起的欲望相當強烈，這就形成了人與人之間的種種聯繫。人的親和傾向有兩個顯著特點：

　　第一，與他人交往所要獲得的回報是多樣化的。羅伯特　斯曾分析了人類的親和需求，證明有六條基本的「社會關係律」，即人際關係提供給個體的重要收益：（1）依附感，就是由最親密的人際關係提供給我們的安全感和舒適感；（2）團體歸屬感，與朋友、同事、同學、隊友等共用相同的興趣與態度；（3）價值的保證，由於別人的支持而覺得自己是有能力的，有價值的；（4）可靠的同盟感，當我們需要幫助的，必定會有人伸出援助之手的意識；（5）獲得指導，要求提供給我們忠告或資訊；（6）愛育的機會，當必須對他人的福利負責或照顧某個人時使我們感覺到被需要、被重視。

　　第二，沒有任何一種單獨的人際關係能滿足我們所有的親和傾向。例如，與他人相愛的關係可以提供給我們依附感。但無法提供我們對某一團體的歸屬感。一個多姿多采及健全的社會生活必須有很完整的社會關係網路，才能滿足所有的社會需求。如果

與他人的人際關係無法滿足必須的社會需求時，個人便感受到寂寞的痛苦。每個人都會由於搬家、求學、開始新的工作、出差、生病住院、結婚、離婚等等生活上的改變而產生一種情境寂寞。能否盡快從情境性寂寞裡恢復過來，並重新建立一種滿意的社會生活，是衡量個人適應性的主要指標之一。

然而，生活的豐富，事業的成功，與他人關係的建立和持續，都離不開入際溝通。個人的溝通能力不僅表現在語言溝通，同時也表現在非語言溝通方面，即身體和超語言。評價一個人溝通能力主要透過三個維度，即溝通的準確性、主動性和注意水準。準確表述事物的能力是溝通成功的前提；主動溝通者比被動溝通者容易建立並維持廣泛的人際關係，與他人的溝通也較為充分，及時和有效；溝通注意水準高的溝通者能較好地根據回饋調整自己的溝透過程，對對方的溝通形成良好支持，使溝通始終保持較好的彼此對應性而得以順利持續。

　　因此，一個人與他人的溝通能力以及人際關係狀況就成為個人社會的適應性的兩個主要指標。

　　人際關係裡有一個很重要的事實，那就是互動的雙方在評估人際關係的結果時，一個人的結果與其同伴的結果互相關聯，當兩個個體間有不同的偏好及價值時，他們之間就有「不一致的結果」，因此也較容易發生興趣上或利益上的衝突及協調問題，即使最親密的關係也難免有此類衝突發生。當衝突發生時，互動的雙方必須磋商出解決之道，最普遍的解決方式就是選擇另一種兩人都能接受但較不喜歡的第三種抉擇，或者兩人彼此交換條件輪流完成各自的意圖。

　　對於文化規範並未給予特別規定的某些人際關係，譬如同性夥伴關係，或者當社會的指導原則變得模糊不清的時候，譬如傳統性別角色規範已開始動搖，互動雙方各自的行為會有較大自由，但必須花更多的努力使得雙方的互動能成功地達到協調。於是，互動的雙方常會透過改進傳統的指導原則或社會常規，創造出自己的對於互動關係中的問題的解決方式。這是一種「規範創造」的過程，也是人際關係協調模式變化和更新的過程，體現了人的適應性的創造素質和靈活性的特點。

第八章
貫穿一生——
從適應活，到適應死

當我們剛成為一個受精卵時，我們要適應母體的環境；當我們出生後，要學習最基本的語言和人類的行為；當我們上學後，我們要適應團體生活，學習社會規範；當我們成年後，我們要面臨職業選擇、人際關係、工作成就等無數問題；當我們老了，又面臨著子女問題、退休問題和死亡問題。適應環境是一個持續一生的過程，需要我們「活到老，學到老」，這是我們生存的需要。

$\mathcal{O}ne$ 適應環境，
一個持續一生的過程

當談到環境適應問題時，許多人認為這是年輕人的「課題」。其實在現代這樣一個飛速發展的社會裡，老年人同樣面臨這個問題。每年、每月、每天，我們的身體在變、心理在變、周圍的環境也在變。這就要求我們自身不斷求變，且與周圍環境協調一致。生物學的基本法則是「適者生存」，人類社會更是逃脫不了適應環境這一問題。

當我們剛成為一個受精卵時，我們要適應母體的環境；當我們出生後，要學習最基本的語言和人類的行為；當我們上學後，我們要適應團體生活，學習社會規範；當我們成年後，我們要面臨職業選擇、人際關係、工作成就等無數問題；當我們老了，又面臨著子女問題、退休問題……

那麼我們如何才能適應環境呢？最基本也是最重要的一點就是不斷地學習，同時使我們的價值觀念同步跟上時代的步伐。只有這樣才能使我們獲得穩定的工作、良好的心態、幸福的生活。

適應環境是一個持續一生的過程，需要我們「活到老，學到老」，這是我們生存的需要。

$\mathcal{T}wo$ 嬰兒適應能力 的訓練

（1）2個月的孩子

孩子出生後不愉快情緒占主導地位，母親要多抱孩子，撫摸和親吻，用親切、和藹的語言與孩子說話，及時餵哺、更換尿布，使孩子感到舒適而產生快樂的情緒。

（2）3個月的孩子

母親應經常對孩子親吻、撫摸、說話、唱歌，以逐漸建立母子感情；要學會觀察孩子的情緒變化，辨別不同的哭聲，正確滿足孩子的要求，使孩子保持愉快的情緒；母親要經常抱孩子，而不要等他哭的時候才去抱他。

（3）4個月的孩子

與孩子玩耍時要有意識地對他做出不同的臉部表情，如怒、哭、高興等，讓孩子分辨這些臉部表情，逐漸學會對不同表情的反應，並學會正確表露自己的感受。在孩子背後叫他的名字，當他轉頭看時，要親切、和藹地對孩子笑笑，並說：「啊，小寶寶，媽媽在叫你！」

（4）5個月的孩子

可與孩子做遊戲，如玩「藏貓貓」，先由家長掀去臉上的

紙，接著鼓勵孩子來掀，並在揭開時，發出「喵」的聲音；讓孩子照鏡子，同時教孩子指認自己的眼睛、鼻子、嘴等臉部器官，透過鏡子可讓孩子看到自己，把鏡子中的自己當成一個與之微笑、玩耍的朋友。

（5）6個月的孩子

自己吃東西訓練。在給孩子喝奶時，讓孩子自己用雙手扶奶瓶喝，家長要多鼓勵他，還可給孩子一塊質軟的餅乾，放在孩子手中，鼓勵他自己拿著吃。

多與人接觸。這個時期的孩子特別怕生，應鼓勵孩子與人多接觸，觀察他對熟人、生人的不同反應。教會孩子用微笑或發音與熟人打招呼，多安排孩子與鄰居、親戚、爺爺、奶奶、外公、外婆接觸。在天氣好的時候可以出去多看看，逐步擴大孩子對環境和事物的適應性。

定時睡眠、大小便訓練。這個時期的孩子顯示出了最初的獨立性，要充分掌握時機培養孩子好的習慣。通常讓孩子晚上9～10時睡覺，夜間基本不起來，清晨7時醒來，逐漸形成規律。在訓練定時大小便時，最好在早晨喝奶後讓孩子坐盆，養成早晨排便的習慣，經過一段訓練就會形成規律。

（6）7～8個月的孩子

認識身體的部位。家長與孩子對坐，指認自己的身體部位，然後抓住孩子的手讓他說出，每天重複1～2次。以後可以把孩子放在

鏡子前，抓住孩子的手指認，逐漸地孩子就認識了身體部位。

學會再見、歡迎。當爸爸、媽媽上班離開家時，應教會孩子招手說「再見」；大人與孩子一起拍手，接著說「歡迎」，並讓孩子模仿。

（7）9～10個月的孩子

培養生活自理能力。培養孩子定時睡眠，大便坐盆，定時小便，自己使用湯匙和杯子，進一步學會配合大人穿、脫衣服。

（8）11～12個月的孩子

把玩具給別人。當大人伸手向孩子要玩具時，他會把玩具放在大人的手中，並主動放手。

模仿拍布娃娃。孩子能學著大人的樣子，模仿拍布娃娃睡覺。

教孩子指認五官。大人指著布娃娃的眼睛說「娃娃的眼睛在哪裡？」用同樣的方法指出鼻子、嘴巴、耳朵等，反覆多次後，讓孩子指認。

用動作配合大人。逐漸訓練孩子具有主動配合大人的能力，建立良好的習慣。如吃飯前，知道伸出雙手讓大人幫他洗手，吃完飯後會做出動作配合大人幫他擦臉、洗手和收拾餐具。同時建立起孩子向大人表達願望的動作，如將食品或玩具放在孩子面前，他想要就點頭，不是就搖頭。

$\mathcal{T}hree$ 幼兒社會適應能力 的培養

　　國內外不少心理衛生專家認為，培養人具有良好的適應環境的心理和能力，是保護其心理健康的關鍵。

　　一般來說，兒童的生活環境在他們各個年齡階段具有相對的穩定性。在這相對的穩定階段，他們的衣、食、住、行、遊戲、求知、社交等方面都會產生相對的需要，形成相對的習慣。然而，兒童所處的環境是不可能一成不變的，他們的家庭環境會發生變化，他們進入托兒所、幼稚園、小學後，環境的變化更大。新的環境必然會對兒童提出新的要求，於是，原有的需要和習慣與新的環境產生了矛盾和衝突。這種矛盾和衝突反映在心理上，必然是不滿和不愉快。

　　甚至一些很細小的變化都會引孩子心理和行為的異常表現。有一個四歲的男孩子，進入幼稚園中班的第二天就不斷哭鬧，拒絕參加任何活動，整整折騰了五天。令人奇怪的是，這孩子在原來的托兒所表現卻很好，活潑聰明。照理說，托兒所的小朋友進入幼稚園，其適應能力應比不上托兒所的孩子強，那麼，這孩子是什麼緣故呢？經過老師的瞭解與分析，發現這男孩子

在托兒所時屬年齡較大的孩子，所以，各方面的能力都比較強，經常得到老師的讚揚，小朋友們也很順從他；可是進入幼稚園的第一天，他就發現自己畫、堆積木都比不上別的小朋友，於是，當「小大王」的環境發生了變化，自尊心受到了傷害，心理便失去了平衡，只能以哭鬧來表示他的極度不滿。他的心理健康受到了影響。由於氣質、性格的不同，在遇到環境變化時，孩子表現內心矛盾和不滿的方式也不同，有的以暴怒、哭鬧、拒食、摔東西來發洩，有的則是抑鬱、恐懼、不安，還有的甚至會自我傷害，抓破自己的臉皮，嚴重影響孩子身心健康。

如何培養兒童良好的適應能力？這是一個值得研究的新課題。總結那些成功的經驗不外有以下幾點：

（一）滿足兒童的合理需要，不遷就其不合理的需要

兒童的需要是林林總總的，除了飲食、排泄、睡眠等生理上的需要外，還有各種心理的需要，如安全、愛撫、求知、獨立、自尊、好奇等等。對於兒童正常的、合理的需求，應盡可能使他們得到滿足。不僅在家庭裡，就是在家庭以外的各個環境也應創造條件滿足兒童的各種合理需要，使他們心情愉快，活潑、開朗。這樣的孩子就不容易產生不健康的心理。

但是，過分溺愛孩子或者對孩子教育不當，會使孩子長期處在不正常的特殊環境裡，產生種種不合理的特殊需要，養成不良習慣，如：挑食、飲食起居隨心所欲、一切以自我為中心、不願服從別人的合理要求等等。一旦環境發生變化，這樣的孩子就難

以適應。我們經常看到那些受家庭溺愛的孩子，有的長時期不肯上托兒所、幼稚園，有的翹課，有的僅僅因為受到同伴的嘲笑就會產生強烈的對抗情緒，難以與小朋友友好相處，在團體生活裡很孤獨等等。

（二）鼓勵引導兒童多參加社會團體活動

兒童不僅是家庭的成員，也是社會的一員，他們長大後要與其他社會成員一起和諧地生活、勞動，因此，家長應該讓孩子從小多接觸社會，多參加團體活動，鼓勵他們和別的孩子玩。孩子們在一起，有共同的願望和興趣，知識水準、能力高低也基本相當，相互間容易培養互助互愛的感情。他們一起活動時相互制約，對培養自制力很有效。

有不少家庭主張讓兒童閉門讀書，或讓孩子唯唯諾諾地跟著父母、大人轉，兒童積極活動的願望受到抑制，性格也變得內向、敏感。據上漲精神衛生中心研究室調查，在追求升學率比較突出、鼓勵學生埋頭讀書的學校和家庭中，孩子罹患「適應不良」方面的精神偏異症的比例較

（三）細心引導兒童順利度過生活的轉折階段

首先，父母、教師要明確：兒童一時不能適應新環境是難免的，孩子進入托兒所、幼稚園是他們生活環境的一大轉折。在托兒所、幼稚園裡，一切都是陌生的，教師、小朋友是陌生的，教室是陌生的，甚至碗筷、桌椅都是陌生的；他突然得不到父母對他獨自

一人無微不至的關注，他不能像在家裡一樣一人獨佔所有的玩具。對孩子因此而產生的種種異常行為，父母和教師不能簡單粗暴對待，或流露出討厭的情緒，甚至懲罰他們，而要加倍地愛護、關心他們，耐心地傾聽他們的訴說，細心觀察他們的一言一行，找出問題的癥結。其次，要採取具體的幫助孩子盡快熟悉新環境，如：讓孩子盡快在新的環境裡結識小朋友，消除他們的孤獨感和陌生感；事先做一些介紹和各種準備工作，讓孩子心理上有準備，不至於在突如其來的變化中慌了手腳。

Four 小學生的學習適應性
如何提高？

學習適應性是指克服種種困難取得較好學習效果的一種傾向，也可以說是一種學習適應能力。根據近年來學習心理學研究的最新成果得知，影響學生學習適應性的主要因素有：學習態度、學習方法、學習環境、身心健康等。如何對學生學習適應性做出正確的診斷，並給予適當的學習指導，是一個非常重要的問題。專家們認為，應從以下幾個方面著手，進一步加強學習指導，以幫助學生改善學習適應性，提高學習效果。

（一）培養學習態度

學習態度是個人對學習抱持的包括認知、情感與行為意向三大因素在內的一種心理傾向。首先，我們要在思想上幫助學生正確認識學習的意義，進一步明確學習目的和學習目標，增強學習的責任感與義務感，變「要我學」為「我要學」。其次，我們要在教學過程中注意培養和激發學生的學習興趣、學習熱情，使學生從厭學、苦學向好學、樂學轉變。第三，我們要給予學生積極的期望與要求，並創設機會讓學生體驗成功的喜悅，獲取成功的激勵，進而增強學習自信心和成就動機。第四，我們還要善於運用鼓勵、表揚去激發學生的學習積極性，促使學生充分發揮學習潛力。

（二）指導學習方法

學習方法是學生為了完成學習任務而採取的手段、途徑和策略。正確的學習方法有助於學生低負擔、高效能地完成學習任務。但我們透過調查發現，約有20%的小學生學習方法與學習技術水準低下，未養成良好的學習習慣。因此，我們要加強學生學習方法技術的指導和學習習慣的培養，教學生學會學習，提高學習效率。

對學生進行學習方法指導時，我們要注意以下幾點：一要根據各種不同的學習環節、學習場合、學習階段 的學習方法特點，指導學生科學地選擇和運用有效的適當的學習方法。二除了指導學生掌握制訂學習計畫、預習、聽課、複習、做作業、課外閱讀、應試等幾種主要的基本的學習方法外，還要根據教學實際，對各科學習中的一些特殊的學習方法進行指導。三要透過多種途徑與形式進行學習方法指導，如開設專門的學習方法課程 或學習方法專題講座，結合課堂教學滲透學習方法指導，以及召開學習經驗交流會等。四既要積極宣傳推廣科學的學習方法，又要針對每個學生在學習方法上的存在問題進行個別的具體指導，促使其迅速改進。五要把教師理論傳授學習方法與學生實際應用學習方法結合起來，重點加強學習行為訓練，以促使學生盡快養成良好的學習習慣，克服不良的學習習慣。

（三）改善學習環境

學習環境是影響學生學習效果的一個重要外部因素。良好的學習環境和學習氣氛，有利於學生努力學習、提高學習效果。但從調查結果得知，約有25%的學生對家庭環境、學校環境存在適

應不良的情況。因此，大力優化學習環境，幫助學生提高對學習環境的適應能力，是學習指導的一個重要內容。

當前學習環境不良主要表現在三個方面：一家庭沒有適宜的學習環境，缺乏和睦、愉快的家庭氣氛，家長對孩子的學習不關心或關心過度等。二學校或班級缺乏健康、和諧的心理氣氛，學生與教師、同學的人際關係不好，教師的教學態度和教學內容方法不當等。三社會上存在著不正之風和不良社會文化的影響，社區環境複雜、惡劣等。可見，我們要積極消除家庭、學校與社會環境中不利於學生學習的各種因素的影響，努力為學生創造良好的學習環境和學習氣氛，以保障學生能較好地適應和利用學習環境。

（四）促進身心健康

身心健康是學生輕鬆、愉快地順利完成學習任務的重要保證。但調查結果顯示，超過20%的學生其身心健康水準低下，存在著程度不同的身體健康問題和心理健康問題，如有的學生體弱多病或體力差、易疲勞，有的學生神經過敏程度較高，出現咬指甲、搖動膝蓋等神經質症狀，還有不少學生獨立性差、意志薄弱以及存在自卑、焦慮、厭煩等不安傾向，這些都會造成學生學習適應困難。因此，我們要大力維護和增進學生的身心健康，特別要積極開展學生的心理輔導工作，加強學習心理指導，如幫助學生提高學習的獨立性、培養堅強的學習意志、增強學習的自信心、排除學習心理障礙等，以進一步提高學生的身心健康水準，保障學生既身心健康發展且學習效果良好。

Fine 高中新生適應不良症 如何解除？

　　新生適應不良綜合症，是指高中新生進入新的學校後，由於和周圍環境不適應、不協調，因此在認知、情緒、行為等方面出現的一種迷茫、困惑、痛苦。有關新生適應情況調查顯示，有51.6%的學生感到學習壓力過大，18.8%的學生存在人際交往不適應，8.9%的學生的自我認識不清楚，24%的學生心態較平穩。新生適應情況好壞直接影響新生對新環境的認可，對自我的肯定，對新的學習生活的信心。這對學校、家長、學生都是一次考驗。

適應不良的形成因素

　　氣質、性格差異。氣質和性格是學生心理結構的重要特徵，是影響新生入學最初適應性的重要因素。一般來說，膽汁質的學生熱情奔放，多血質的學生開朗活潑，這兩種氣質的人都能較快地適應新的環境。而粘液質和抑鬱質的學生相對含蓄、沉靜，不善於與人交往，融入新環境的速度慢一些。另外，從性格上說，外向型性格的學生通常也比內向型性格學生適應快一些，效果好一些。

　　心理準備不足。部分學生事先沒有充分估計進入新學校的各種變化和可能，並為此做好恰當的應對措施，用舊眼光來衡量和評判新環境中的人和事。比如：過去的同學親切，現在的同學形同陌路；過去的老師喜歡自己，現在的老師不在乎自己等等；想

家，想以前的朋友，感到異常孤獨難受等。

家庭壓力過大。不少父母會把升學和就業的壓力提前灌輸給子女。另外，學生心理發展速度加快，但父母的教育方式沒有改變，給青春期渴望獨立和理解的學生也造成較大壓力。

學校過分強調教學，忽視適應性教育，特別是心理健康教育跟不上。學生入學後，學校通常希望新生立即投入緊張的學習生活中，給予新生的也主要是學科知識的教學和一般的常規性入校教育。針對新生心理開展的適應性教育沒有跟上，有的甚至沒有。

緩解適應不良的方法

對學校而言：應充分重視新生的適應性問題，並積極開展多種形式的學生活動和心理健康教育。對入校新生進行團體心理講座，對同一反應的學生進行團體諮詢或個體輔導，開展多種形式的心理健康教育宣傳，進行新生心理健康狀況測查。同時，因爲新生的很多問題與家庭密切相關，可開設相對的家長培訓班。

對家庭而言：要盡量做到「三多」和「三不要」。「三多」是：多觀察子女的表現，多和老師交流，多和子女討論學習、生活和交往。「三不要」是：不要時時刻刻提醒孩子的成績，不要誇大子女在這一時期的表現，不要當著子女的面把孩子與其他人相比。

學生自己：做好充足的心理準備，估計一些可能出現的情況；主動向周圍人學習一些必要的適應方法。面臨問題和困難時，積極改善，必要時尋求老師、父母和同學的幫助，也可以向校內專業的心理諮詢老師傾訴求助。

Six 大學新生心理斷乳期的自我調適

適應，是指個體面臨新異刺激時，透過調整自身，做出反應，進而在新的更高層次上達到平衡，即適應新環境。適應的過程是一個不斷運動、不斷向前發展的動態平衡過程，好比爬山，當我們能夠爬200公尺高的山時，下一步我們就要向300公尺高的山進軍。一個人能否順利適應環境，取決於刺激強度的大小，如果刺激強度太大則難以適應，會出現種種適應障礙。另外，由於個人適應能力的差異，每個人面臨同樣的新環境，適應時間不盡相同，有的人可能到了新環境，很快就熟悉了，感覺自己遊刃有餘，而有的人在經過很長時間的努力之後，仍覺得自己與周圍環境格格不入。

大學新生入學之後便面臨著適應環境的問題。跨進了大學門檻的學生，猶如劉姥姥進了大觀園一樣，新奇而又忐忑不安。新老師、新同學，新校園、新的生活方式、新的學習習慣、獨具一格的校園氛圍，讓他們歡喜讓他們憂慮。面臨一系列新的刺激，他們不知道自己能否適應，能否站穩腳跟，發展自己，對未來充滿困惑和不安。

英國作家笛福說：「人的最高智慧，就是適應環境和反抗外來威脅的本領。」大學生們經過考試的選拔，重新組成一個綜合素質相對較高的群體。適應了這個團體，意味著自我能力的提高。適應是挑戰，更是機遇，迎接挑戰，掌握機遇，讓自己「更

上一層樓」無疑是一件幸事。

然而現實總讓我們變得很冷靜。中國青年政治學院新聞系曾經做了一次新生調查，近一半同學認為現在大學生活與自己希望的相差甚遠，無疑難以適應。同樣，北京某明星大學新生調查顯示，75%的新生認為自己現在還難以適應或者不適應大學生活，適應成了一個並不輕鬆的話題。

大學生入學後感覺最大的莫過於學習和生活規律不再同于高中，自己擁有了太多的自由和時間，自由多了反而成了一種負擔。上海交大一位同學在入學不久後的日記中寫道：「過去，家長天天催我起床，班導師天天會來督促學習。現在，一兩個星期見一次班導師也很正常。過去，除了白天的課程排得滿滿的外，晚上的自修也有老師監督，有的中學甚至連雙休日也名存實亡。而現在，一個星期上課的時間就那麼幾個小時，加上雙休日，自由支配的時間有的是，卻不知道做什麼了。」大學生活給你自由的同時也給了你迷惘。

新生入學後的適應期，人們稱之為「心理斷乳」，他們要經歷一系列「斷乳」的痛苦和迷茫，迫切需要老師或來自各方面的指導。而目前，這方面的工作尚不夠完備，許多新生摸索大學生活的規律，完全是「摸著石頭過河」。「我們最需要的，是科學的指導。」這是他們發自內心的呼喊。

柳青在《創業史》中說道：「人生的道路雖然漫長，但要緊處就那麼幾步，特別是當人年輕的時候。」大一的適應無疑是至關重

要的一步，以後幾年的發展要依賴大一適應的結果。聽一聽下面五位學友是怎麼說的，你也許能得到些啟發。

小李：對於大一生，沒有什麼希望，只有一句忠告，好好去把握大一的時間，調適心態，端正觀念，理想與現實的差距常常令人感到彷徨無助，多給自己一些空間和時間，珍惜美好的一切。

小麗：大一剛入校，少年的輕狂與遠大的抱負常常會與初入大學的心境形成反差，當自由出現在你面前時，一向自以為是的你卻迷失了方向。其實，大一那一年對大學生涯而言是至關重要的，它會決定著你將走的路。

小紀：請走好大學生活的第一步，好的開始是成功的一半。

小楊：好好讀書吧！或許以前總認為在大學不再以學業為重，但事實上，當你面對機遇，面對挑戰，面對生存不得不剝下表面華麗的外套時，你才會發現其實你的內心那麼蒼白無力，你的確一無所有。

小束：不要認為欣賞你便是對你信心的鼓勵，不要在自我光環中忘記點亮那盞催你前進的燈火。高度須靠自己鋪墊而獲得，並非因他人給予而顯得豐富。

$\mathcal{S}$even 新婚生活如何適應？

　　戀人結成夫妻之後，感情逐漸由浪漫變爲實際，夫妻雙方迅速實現由戀愛到婚姻的心理變化。

　　適應婚後感情表達方式的變化：戀人之愛表現得外露和浪漫，結婚之後，夫妻之愛則表現得較爲實際，更具有內在的意義。這種變化是正常的，不是對方變了心，也不是達到了什麼「目的」就無所顧忌了。夫妻雙方應該適應這種心理變化，尤其是女方，不能總懷念過去的情切切、意綿綿，應該尋找新的愛情表達方式。

　　降低對配偶的期望：如果一方總是希望把對方塑造成心目中理想的配偶，那是不實際的，不僅會增加對方的心理負擔，自己還會因爲達不到目的而失望。接受對方新暴露出來的缺點：戀愛時，雙方都想努力取悅雙方，在相處中總是展示自己的長處，掩蓋自己的缺點。但成婚後，彼此的缺點就會慢慢暴露出來。於是，有人不由自主地產生了上當的感覺。其實，對方並沒有欺騙你，只是婚後你看到了配偶的全部。

　　遇事多商量：既然是夫妻，就要同心同德，大到購置大的電器，什麼時候要生孩子，小到自己穿什麼顏色的衣服，晚上是華藥系列魚鰾補腎益精丸、吃稀飯還是麵條，都應該互相商量，共同決定，並且盡量滿足對方的要求。如此，可減少不必要的家庭衝突，保持婚姻長久。

Eight 如何緩和性愛中的不適應期？

北歐的格言說：「性生活的前半段只是實現了性，而後半段則是實現了愛。」它說的是，在夫妻性生活結束後的這段時間裡，雙方可以充分地表達、交流和共用深切真摯的愛情。

但是大多數妻子此時都會遇到丈夫「不適應期」的障礙。所謂的「不適應期」，是指男性在射精之後必然出現一個短暫的時期，麻木、心不在焉，甚至倒頭就睡。

男性的年紀越大，不適應期就越長。然而妻子卻沒有這樣的不適應期，在性生活後的十分鐘甚至更長的時間，加倍地渴望丈夫的愛撫和體貼。如果丈夫不這樣做，妻子會覺得他太自私了，至少也是不懂得如何關懷和照顧自己，許多夫妻之間的心結就是在這時產生的。

不適應期是男性必然的生理反應，並不是丈夫不愛妻子，更不是他個人的體質問題，夫妻應該相互體諒。因為，男性在射精之後出現疲乏，並不是由於肌肉的勞累，而是在性高潮中，大腦皮層出現了最強烈的興奮，之後當然需要精神上的休息，往往會感到困倦。而在高度緊張活動之後，最好的休息方法就是散散步或者活動一下身體，性愛的不適應期也可以這樣緩和一下。在性生活後男性可以起身去上個廁所、起來倒一杯水喝、整理一下床鋪，兩個人互相交換一下睡臥的位置。總之，做一些輕微的身體運動，就可以有效地減緩不適應期的困倦。

$\mathcal{N}$ine 再婚者，
怎樣適應新的性伴侶？

　　無論是離異還是喪偶的人，再婚是理所當然的。大多數再婚的人，婚後都能適應夫妻生活，甚至是十分和諧、美滿，但確有一些人出現不適應的情況。這種不適應不僅反映在家庭人際方面，更反映在新婚夫妻的性生活方面。

　　有一位年輕婦女，丈夫去世不久，出於生活需要，半年後再婚。她對新丈夫各方面都非常滿意，新丈夫也非常疼愛她，可以說不次於前夫。但當他們過性生活時，她總有說不清的難受和彆扭。一到晚上，燈一熄，眼一合，前夫的樣子就出現在眼前。新丈夫的性欲比較強，兩三天就有一次性要求，而且每次都持續半小時左右。她想拒絕，但辦不到，於是只好忍受著折磨，一點樂趣也談不上，甚至產生厭煩之感。她處在一種欲進不能，欲罷不得的狀態下，非常痛苦……。

　　類似的例子很多，不僅是妻子，丈夫時而也有如此不適應的反應，嚴影響夫妻的感情，使一方產生很大的誤解，但又不便解釋清楚。事實上是想盡量適應，但身不由己。

　　上述現象，稱之為「再婚性適應障礙」，是純心理因素造成的，這就如同有些從舊居搬入新居的人一樣，房子雖好，就是住起來不舒服，為此產生焦慮和抑鬱的人不少。

　　怎麼解決這類適應障礙，通常有兩條出路：一是設法與新配偶從思想認知上溝通；二是解決個人的心理困擾。但為了不影響感情，避免引起對方的誤會，通常以排除個人的困擾為主。

　　所謂的困擾，自然是起自前後配偶的對比問題。還以上面那個婦女來談：她的前夫是個科技人員，比較內向，也比較固執，但對妻子的感情細膩，很體貼。在性生活方面要求淡些，而且做愛的時間也短。而現任丈夫是從事文藝的，人外向，是個樂天派，感情豐富但粗獷。性之所至欲縱難收，不過對妻子還是十分滿意、十分愛的。二人相較之下，她更喜歡現任丈夫這種性格。

　　為什麼她更喜歡現任丈夫卻不能在性生活方面與之和諧呢？這中間既存在過去與現在的性生活模式問題，又存在某種心理上的對前夫的愧疚問題。很顯然，前後兩個丈夫的性模式是有差距的，這差距需要透過與現任丈夫的長期相處才能適應。通常再婚者，無論是男方、女方都不願主動甚至是在被動的情況去透露與前配偶之間的性問題。因為這會給自己與對方帶來尷尬和不愉快，更有回憶或緬懷之嫌。在這種情況下，比較好的解決方法是採用非語言性的溝通。再婚夫婦都應在結婚之初去熟悉對方的性習慣，並盡量主動去適應對方。本例中這位丈夫可能是太外向了，以為對現在妻子的愛就是頻頻的性生活，殊不知妻子以往性生活是平淡的，那麼他就應該改換愛的方式，或減少性生活的頻率，透過慢慢地帶動誘導，最後達到和諧的目的。

　　至於這位再婚的女性，首要的是調整心理狀態：有沒有必要

愧疚呢？一個年輕喪偶的人，再婚是必然的人生之路，既是再婚，就會再有性生活，這種思想準備，在重新尋找配偶時就該有充分的心理醞釀，這位女性可能在這方面想得少了些。

按一般規律，離異者再婚後出現的性不適應要比喪偶者好許多。因為離異大都是感情創傷，離異者不可能有什麼愧疚的想法，而喪偶多為感情的流連。當然這也和從獨居到再婚的時間長短有關。

配偶的死亡是人們最痛苦的一件大事，尤其是急性死亡（如急症或意外）。由於沒有心理準備，所以不可能有像「久病床前」那樣厭倦、疲憊的心態。配偶的死亡，在慢性疾病情況下，在彌留之際，通常都會勸說健在者，在他（她）死後重新安排其婚姻生活，這對以後的未亡人來說是有相當安撫作用的。可是本文例中婦女的丈夫是急性病身亡的，不僅沒有留下任何遺囑，而且還說了：「今生今世我只愛過妳一個人。」拉著妻子的手嚥下最後一口氣。請想這位再婚婦女能不有愧疚的心理嗎？其實問題的根源就在於此。當現任丈夫要求同房時，她腦中必然浮現出當年與前夫相聚時的種種情景，這對她的性生活無疑是一個強大的干擾因素。改嫁和「從一而終」的觀念有著矛盾與衝突，這對喪偶再婚的婦女是個不太好過的「關」。

在解決這些心理問題時，主要是消除舊觀念，一定要面對現實，既然決定再嫁，就要對現任配偶負責，不能舊情難忘，要把過去對前夫（妻）的愛轉奉給現任丈夫（妻）。當同房時，要更多地

想到你只屬於現在和未來，而不屬於過去；要屬於活著的人，而不屬於死去的人；要屬於現在愛你的人，而不屬於過去曾愛過你的人。

　　為清除對前夫（妻）的流連回憶，建議再婚者，與配偶同房時，不妨在事前多做愛撫行動，加強對現任配偶的印象和感受，在充分適應對方的性趣同時，也應即興的表達個人的性愛好。再婚之初，彼此都會考慮到對方的狀態，進而相對地改變過去的習慣模式。如果出於不好意思，尤其是女方，往往勉強順從現任丈夫的需要，一再遷就，勢必出現不適應的障礙，等到新婚期已過，再想改變就會困難重重。

　　目前，婚姻登記處，只對未婚男女進行婚前性教育，而對再婚男女沒有任何相對的措施。也許行政部門以為，「他們已經是過來人了」，因而忽視了他們實際上也存在著的各種困惑問題。因此，面對這類困惑，也應對再婚者進行婚前再教育。

Ten 中年期是一個
再適應的時期

中年期是一個再適應的時期。每個人都必須對自己生理上、心理上以及社會角色上的變化進行自我調適，以更好地適應中年期的工作和生活。

中年期是指35～55歲年齡層，來自國內外的許多研究和調查資料都顯示出中年是婚姻的多事之秋，是婚姻關係發展最為困難的時期。在婚姻關係發展的各個階段中除了最初幾年離婚率極高之外，中年期的離婚率也偏高。人到中年，對著時光流逝的意識逐漸加強，飛逝的時光讓我們感嘆生活，追悔過去。社會文化、身體健康的變化都在影響著我們的婚姻和家庭生活。

1.對身體變化的適應

對身體的變化，中年人通常不易察覺，不重視也不願意看到身體的變化，因此通常適應得很慢。然而中年人必須承認並正視身體的變化，要及時察覺並認識自己的身體，畢竟不像年輕時期那樣健壯，功能也不如以前那麼好了。中年人必須接受生殖能力下降或消失，同時性欲和性衝動也隨著降低的事實。就像年輕男女必須拋卻童年期的幻想以接受現實中成長的自己，並取得適應一樣。中年人對於他所不喜歡，甚至象徵著歲月不饒人的生理變化，也必須加以適應。如果中年人不能接受青春已逝或青春將逝的事實，往往會發

展為一般性的反抗作用，對工作、配偶、朋友以及從前的種種娛樂產生一種抵觸情緒。

在人生旅程中，對身體的變化最難適應的就是更年期，女性比男性更不容易適應。由於女性進入更年期後，心理的波動通常比男性大，因此若沒有充分的保健與準備，很容易產生更年期綜合症。另外，到40～50歲時，很多中年人變得「大腹便便」，行動上的不方便也導致了中年或適應的困難。

2.對家庭生活、工作和人際關係的再適應

當人進入中年期時，一般來說子女都已長大，有的離開家門去外地求學、工作，有的則成家以後自立門戶。因此一些中年夫婦就得單獨生活，互相依賴著過日子。對家庭關係的這種變化，如果夫妻本來就很親密，便能及時達到成功的適應。倘若做妻子的覺得自己為了照料家務，照顧老人而犧牲自己的興趣和愛好；或是因丈夫的收入少，家庭經濟拮据而埋怨丈夫無能，這就容易導致中年夫婦的衝突。同時，如果做丈夫的在事業上、人際關係等方面發生挫折而不愉快，一回到家裡向妻子發洩，這通常是導致中年夫妻關係緊張，以致離婚的一個重要原因。

性的適應對中年夫婦的關係也非常重要。雖然性適應不良不一定會導致痛苦的婚姻或離婚，但卻是中年人對婚姻感到失望的因素之一。中年期，隨著年齡的增加，尿道變得很敏感，前列腺也常常出現麻煩，此外，性高潮的達到也費時較久，而女性到達更年期後，由於陰道趨於乾枯，性交時有時會產生疼痛的感覺，

容易產生性冷感。調查顯示，夫妻性生活的不和諧是導致中年離婚的一大因素。

中年期的鰥寡不管是由於死亡還是離婚，都會造成適應上的麻煩。中年喪偶，即表示鰥寡將要度過寂寞的餘生，中年期再婚的人，也會面臨夫妻之間的再適應及生活方式的再適應問題；此外，中年人還面臨著對子女及其配偶、對年老父母關係的處理與適應問題；再者，中年人在工作中，由於職務的升遷或工作類別的變化，也存在著一個適應的問題。這個問題如果處理不當，就會影響同事之間、上下級之間的人際關係。

可見，中年人所面臨的、需要適應的問題是很多、很艱巨的。要對這些新情況達到和諧的適應，筆者認為，首先，中年人要加強對自己生理、心理特點的認知，只有充分瞭解中年期的特點，才能對這些變化進行自我調適，達到適應的目的。其次，保持樂觀開朗的精神狀態是良好適應的一個重要因素。據國內有關醫院統計，約80%的「更年期綜合症」患者有各種不同的精神因素，如老人或子女有病，親人死亡、夫婦爭吵、與同事或鄰居相處不和睦等。此外，更年期綜合症患者病前多有沉默寡言、敏感拘謹、顧慮多、易焦慮緊張等性格特點。因此，中年人如果能合理地安排自己的生活，在工作或生活中碰到一些困難時多往光明、美好處想，樂觀開朗，使自己胸襟開闊舒暢，適應便比較容易。第三，要達到良好的適應，中年人還應多發展一些興趣，如種種花、下下棋等，多參加一些身體允許的活動和簡單的體力勞動，多與年輕人交往……總之，中年人要適應變化了的內外環境，必須面對現實，接受再社會化，這樣才能達到身心的和諧、平衡，迎接人生的「第二個青春期」。

Eleven 延年益壽的法寶：
適境養生術

　　環境，主要包括氣候和地理兩大因素。人們想要健康長壽，就必須努力去適應自己賴以生存的自然環境。《素問嶧W古天眞論》中所說的「法於陰陽」，就是指主動適應四時氣候來養護身體。後代養生家多因循《黃帝內經》的上述思路，逐漸創立了一套非常實用的適應環境養生法，簡稱適境養生術。它們包括：

適應四時節令養生法

　　《素問嶧I氣調神大論》指出：「夫四時陰陽者，萬物之根本也。所以聖人春夏養陽，秋冬養陰，以從其根，故與萬物浮沉於長生之門。逆其根則伐其本，壞其眞矣。故陰陽四時者，萬物之終始也，死生之本也。逆之則災害生，從之則苛疾不起，是謂得道。」

　　春季養生法。《素問嶧I氣調神大論》指出：「春三月，此爲發陳，天地俱生，萬物以榮，夜臥早起，廣步於庭，被發緩形，以使志生⋯⋯此春氣之應，養生之道也。」從臟象理論的角度來看，肝膽經氣在春天條達舒暢，善養生者此時必須避免肝氣鬱結、思鬱沉悶，而應該使思想開朗，肝氣舒暢，這是在思想修養方面適應春季的養生要求。與此相關，春季往往會出現肝氣過旺，導致肝氣勝脾。按照五行調控理論，此時還應該「省酸增甘，以養脾氣」（《千金要方》），以便從飲食方面滿足春季養生要

求。

夏季養生法。《素問嶂食B行大論》說：「南方生熱，熱生火。」根據這一特點，古人提倡夏季養生應該做到精神愉快，情志平和，不得性躁、發怒，以免引起體內火旺。在起居方面，應晚睡早起，適當曬些陽光，以適應自然界隆盛的陽氣，有助於體內過盛的陽氣向外宣洩。在飲食方面，《養生論》認為：「夏氣熱，宜食菽以寒之，不可一於熱也。」主張夏季應多吃雜糧以寒其體，不可過多食用熱性食物，以免加重體內的火熱。

秋季養生法。《素問嶂I氣調神大論》稱：「秋三月，此為容平，天氣以急，地氣以明，早臥早起，與雞俱興，使志安寧，以緩秋刑，收斂神氣，使秋氣平，無外其志，使肺氣清，養收之道也。」秋季的飲食應減少辛味而增加酸味，以免肺氣太旺而使肝氣過於抑制。此外，由於秋天氣燥，人們應多吃芝麻之類的食物以潤燥養肺，少吃冰冷食物，多吃溫性食物。在起居方面，應早睡早起，趁著秋季天高氣爽，山川景色明淨之際，多登高遠眺，以舒肺氣。

冬季養生法。《素問嶂I氣調神大論》說：「冬三月，此為閉藏，水冰地坼，勿擾平陽，早臥晚起，必得日光，使志若伏若匿，若有私意，養己所得，去寒就溫，無泄皮膚，使氣亟奪，此冬氣之應，養藏之道也。」由於冬季是腎經旺盛之時，腎味屬鹹，此時的飲食應當減少鹹味，增加辛味，以便產生宣達肺氣，鞏固腎氣之效。

適應晝夜晨昏養生法

因為人的生理活動與一天中的晝夜晨昏變化存在密切關係，所以養生者必須採取相對的調護措施。唐朝著名養生家孫思邈就說過：「善攝生者，臥起有四時之早晚，興居有至和之常制。」具體而言，為了資助陽氣的發生，早晨應多進行戶外活動，吐故納新，導引肢體，舒展筋骨，流通氣血，旺盛生機。但晨起也不可過早，因為過早起床陽氣尚未發生，加上風寒和濕露侵襲，則對身體有害無益。進入晚間之後，最重要的養生方法就是設法保障人體有充分的睡眠時間。古人認為最好的睡眠姿勢是屈膝側臥，醒時則伸腳舒體，變換姿勢，流通氣血。為了確保睡眠時間的充足，古代養生家還創立了很多行之有效的誘導入睡的方法。曹慈山《老老_言》中就載有「操縱二法」；「操者，如貫想頭頂，默數鼻息，返觀丹田之類，使心有所著乃不紛弛（馳），庶可獲寐。縱者，任其心游思於杳渺無聯之區，亦可漸入朦朧之境。最忌者，心欲求寐，則寐愈難。蓋醒與寐交界關頭，斷非意想所及，唯忘乎寐則心之或操或縱，皆通睡鄉之路。」

在適應晝夜晨昏的養生方法中，中國古代養生家還特別推崇早晨起床前叩齒三百，晚間臨睡前再叩齒嚥津。

適應地理環境養生法

古人認識到了地理環境與人的壽夭之間存在著如此密切的關係，所以古代養生家都十分重視生活環境和改造，並相對創立了一系列行之有效的適應地理環境的養生方法。這些方法包括：

山林養生法。山林中空氣新鮮，是一種理想的養生場所。唐朝著名養生家孫思邈的《道林養性》、《退居養性》就闡述了山林養生的好處，明朝高濂的《遵生八箋》則詳細記載了山林養生方法，書中寫到：「時值春陽，柔風和景，芳樹鳴禽，邀朋效外，踏青載酒，湖頭泛舟，問柳尋花，聽鳥鳴于茂林。」

日光養生法

古代養生家在長期的養生實踐中已經直觀地感受到了日光具有保健作用。晉朝養生家嵇康在《養生論》中就提出了「晞以朝陽」的觀點，孫思邈也提倡「呼吸太陽」。歷代道教養生家更是推崇日光的養生作用，《黃庭經》中就有「日月之華救老殘」的說法；宋朝的《雲笈七籤》中還發明了與現代日光浴類似的所謂「採日精法」。此法要求人們早起面向太陽，雙目微開，僅露一線，調勻呼吸，仰頭將日光吸入腹內。如此便可長生久視。

除了注重山林養生和日光養生之外，古代適應地理環境養生法還包括「花卉養生」、「礦泉養生」等各種方法。這些方法的共同特徵就是要透過人的主觀努力，盡可能地讓人體充分利用外界地理環境中的有利因素，避免不利條件，進而達到養生保健的目的。

Twelve 「廉頗老矣」，
就要適應角色的轉變

　　社會已經開始進入高齡化階段，退休的老人越來越多。老人們突然離開自己工作了幾十年的工作職位，難免有些不適應，這就會帶來一些矛盾，如果這些矛盾處理不好，就會帶來心理問題。

　　（1）角色轉變與社會適應的矛盾。退休、離職雖然是一種正常的角色轉換，但不同職業群體的人，對離職、退休的心理感受是大不一樣的。調查顯示，工人退休前後的心理感受變化不大。他們退休後擺脫了沉重的體力勞動，有更充裕的時間享受閒情逸致，所以內心比較滿足，社會適應良好。但退休幹部的情況就大不相同了，他們有著較高的社會地位和廣泛的社會聯繫，退休、離職以後，生活的重心變成了家庭瑣事，廣泛的社會聯繫驟然減少，這使他們感到很不習慣、很不適應。

　　（2）老有所為與身心衰老的矛盾。一些老年人不甘清閒，他們希望退而不休、老有所為，這就會帶來一些矛盾。

　　（3）老有所養與經濟保障不充分的矛盾。缺乏獨立的經濟來源或可靠的經濟保障，社會地位不高，使得這類老年人容易產生自卑心理。

（4）安度晚年與意外刺激的矛盾。老年人都希望平安、幸福、美滿地度過晚年，但如果實際生活中發生了一些意外打擊和重大刺激的話，就要處理好這個矛盾。

世界衛生組織在1948年成立大會的《世界衛生組織憲章》中給健康下的定義是：健康是身體上、心理上和社會適應上的完好狀態，而不僅僅是沒有疾病和虛弱。五十多年過去了，這個定義仍然充滿生命力。社會上對健康的認識雖然在不斷進步，但在充分認識這個定義方面，仍有不少差距。對心理健康的重視遠不及生理健康，而對社會適應能力的認識遠不如前二者。

人的健康這三方面是互相影響、互相滲透，可說是缺一不可的。沒有生理健康，人的生命將不復存在，而生理健康很大程度上取決於心理健康。心理健康促進人的生理健康，它給人們帶來幸福和快樂。因為一個人的快樂不完全決定於物質的滿足和生理健康，快樂與幸福是一種心理感受。心理不健康的人往往身在福中不知福，相反他會自找煩惱，抑鬱寡歡。而社會適應能力的健康，會促使心理平衡與快慰，幫助你主動地適應社會環境和不同的生活條件。同時，社會適應能力的提高，不但有利健康，而且能大大促進你的人生價值的實現和事業的成功。

一、接納社會

社會適應能力首先是你能否接納這個社會，也就是你對社會的認可程度。什麼是社會，除了你以外的人及其活動，就是你要適應的社會。你對社會的認可、接納，還是懷疑、否定，乃至仇視，很

大程度上決定了你的心理狀態，也在很大程度上決定了你對社會適應的狀態。你就會有愛或恨，溫馨或冷酷，快慰或煩惱，熱心或灰心……

社會環境對你的影響是決定性的、長期而穩定的，對你的心理健康、生理健康乃至人生道路有著決定性的作用。但是，社會對你的影響並不決定於社會而取決於你對社會的態度。社會環境對每一個人來說，都是不可選擇的鐵的事實，正如你不能選擇你出生的時間、地點和雙親一樣。身為個體的人，只能去適應這個千千萬萬人所組成的社會，絕不可能由社會來適應你。不論你認可也好，不認可也罷，接納也好，不接納也罷，它都是客觀的，不可改變的事實。你只能認可它、接納它，進而去適應它。

二、 瞭解生活，參與社會

要適應社會，當然得瞭解社會。要充分接納社會，也是在瞭解社會、參與社會的基礎之上。現在，瞭解社會的管道比以前多多，方式也很多。尤其是交通的發達，現代通訊工具的普及，網際網路的快速發展，為瞭解社會開闢了廣闊前景。除了要對所有資訊做分析外，更重要的是要親身接觸社會，聯絡人群，直接觀察和面對面的交流。我們不是政治家、社會學家，也不是記者，但是我們必須以求知探索的心態去接觸社會，瞭解種種事物，體察社會的種種現象，感受社會的前進步伐，進而使心靈充滿陽光。同時，也要參與一些社會交往和活動。

三、 交友

朋友對人生有很重要的意義，對健康也有非凡的作用。有一位名人曾說過：「財富不是永恆的朋友，而朋友卻是永恆的財富。」一個朋友也沒有的人和一個有很多朋友的人的心理狀態是大不相同的。在人生的一些關鍵時候更是如此。好朋友會給你情感上的滿足，給你心理的慰藉。朋友不一定會給你物質上的幫助，但是他即使給你一個資訊，一個指點，一個提醒，對你的作用也是很大的。

　　但是，在人的一生中，真正的好朋友並不會太多，尤其是老年退休之後，會發生很大的更替。由於職位和生活的變化，一些以功利為基礎的朋友會離你而去，即使是好朋友，也會因環境的變化而相對疏遠，所以，既要不忘老朋友，又要交新朋友，更要交些年輕的朋友。在新的生活條件下，要建立新的生活圈子，結交新的朋友。擴大一點說，要有新的生活群體。如打拳有拳友，跳舞有舞友，釣魚有漁友，唱歌有歌友，在老年大學則會有更多的同學。

　　當然，更要結交年輕的朋友，這也是更難的。年輕朋友，會帶給你各種新的知識與氣息，會使你的心態年輕起來。當然，年老退休以後結交年輕人，不可能有功利色彩。我們的老本還是有的，這就是我們的經歷和人生哲理。但是即使如此，也得以全新的姿態和年輕人交流，否則也不易得到年輕人的認可。

　　當然，要交朋友首先要付出真誠，寬容待人，要有奉獻精神，這些都是眾所周知的金科玉律，在此不必重複了。願我們多交朋友，融入社會生活，健康長壽，讓夕陽更美。

Thirteen 死亡也需要學習，
也需要適應

德國哲學家雅斯貝爾士說：「從事哲學不是別的，就是學習死亡。」

死神是一位威嚴無比、冷面冷心的傢伙。祂並不管你是富裕或貧賤，尊貴或粗鄙，高尚或卑劣，健壯或孱弱，博學或蒙昧，溫良或殘忍，聰穎或愚笨，美麗或醜陋，他時刻鬼鬼祟祟的監視著你，隨時向你發送最後的通牒，經常猝不及防的給你致命一擊，你甚至來不及留下片言隻字的遺囑……。

人一生下來，就老得足以死去。海德格爾這麼說過。

死亡是這樣一位剛愎自用的審判長，他從來不經徵詢別人意見，就草草結案，金剛叱目亂拍驚堂木，宣判了你的極刑，而且絕無翻案、複核、繼續上訴的可能性。

人生是短暫的，死亡卻是永恆的。有生的日子雖有艱辛磨難，坎坷落寞，但畢竟還算瑰麗輝煌一場，如圓日中天，而死亡卻猝然不可預期，獨裁不可商量。

人生歲月的長河，也總有一些零碎的記憶浮萍，久久縈迴，蕩滌不去，彷彿開機就會顯示的桌面，永遠定格在腦海。

不知那是我第幾次走進殯儀館。誠如一位同樣去送殯的人所

說：「每來一次，都要接受一次教育。」

而那次我所受的教育顯然更為震撼人心。我的一位親戚久病不癒，輾轉多年，終因肺氣腫而去世。所去的那家殯儀館價格低廉而且服務周到。他們為了顯示真實性，竟然把逝者火化後的殘骨用簸箕捧出來，讓家屬自己動手碾碎。

大廳前，已有一家在碾著親人的骨灰，顱骨脛骨隱約可辨。在一抔骨灰旁，有一位三、四歲的小女孩也在低頭細心的碾著，一截紅磚來回的滾動，碾碎。旁邊擺放著一張遺像，一位三十幾歲的年輕男子，面目清俊，雙目炯炯，是女孩的爸爸。據說他患了一種不知名的疾病，生前轉了多家醫院。死後屍體解剖，也沒有查明病情。「莫須有」的死因，奪走了一個風華正茂、英俊倜儻的人生！天若有情，會否讓他感覺到此刻來自陰陽兩界交錯處女兒的溫柔輕碾？女孩顯然並未省悟簸箕中英靈的意義，她那稚拙的童心，甚至不能將父親、死亡、骨灰這幾個概念聯繫起來。

旁觀的我，急急登車在聲聲哀樂的迴環縈繞中，匆匆作別了那個殯儀館，而那位蜷身輕碾骨灰的小女孩的背影，至今難以忘懷。

死亡也是荒誕不經的，經不起醫學的檢診，親情的考問。

我曾遍尋哲社典籍，內自躬省，馳騁心性，追問感悟活著的意義，人生的終極目標，猶如極力握著一杯溫熱的茶水，努力品嘗淡淡的茶味，夾著一支香醇的草煙，努力回味著透心嗆鼻的絲絲煙味，捧著馬賽爾‧普魯斯特的《追憶似水年華》，與作者悲喜與

共，以一顆細膩深邃得無以復加的心，苦苦追憶我們生存著的點點滴滴，愛的迷茫，被愛的虛惘，重播著心靈感受器在有生之年存檔刻錄下來的情感思想的視頻音頻。於夜闌漏永之際，研讀狄金森塗抹在信封上的《我為美而死》：

我為美而死，對墳墓
幾乎還不適應
一個殉真理的烈士
就成了我的近鄰

他輕聲問我：「為什麼倒下？」
我回答他：「為了美」
他說：「我為真理，真與美
是一體，我們是兄弟。」

就這樣，像親人，黑夜相逢
我們隔著房間談心
直到蒼苔長上我們的嘴唇
覆蓋掉我們的姓名

死亡是至高無上的，如同上帝般讓人不可違逆祂的意志。我們可以疑問、徘徊、煩惱、懼怕、恐怖，也可以像《老人與海》中的桑地亞哥一樣執著的抗爭，與命運的海洋展開搏鬥，與死亡

的巨鯊進行廝殺。然而，為誰而死？死於何種意義？殉道？成仁？皈依神？這卻要費盡你我一生的思量！處在這物欲橫流、道德興替、去理想化的後現代社會，你上下求索茫茫然找不到一根形而上學的稻草，藉以拯救我們罪孽深重的原罪之身，拯救我們一直幻想著能夠偷渡輪迴隧道得以潛入來生，消受另一番溫柔富貴衣錦還鄉的營營碌碌的皮囊。死亡也許驟然從天而降，與你同榻呻吟，伴你最後一個難熬的宵夜，有刻骨銘心的往昔喜樂，不時襲來，有病入膏肓的癌腫刺痛，劃破沉沉黑夜。

沒有盲人凱倫重見光明的三天，這分秒飛逝的最後一夜，與死亡共枕的「良辰美景」，你才終於恍然，參透人生的真諦，省悟死亡的要義！

你彷彿此刻才側身擠進一扇窄門，可以笑傲生死，寬宥仇敵，摒棄浮世榮華，拋卻彪炳史冊的虛名，如同嬰兒依偎著母親的胸懷，如同教徒皈依神的懷抱，你終於可以從容不迫的面對死亡，慷慨大方的接受死亡，溫馨、鬆弛的依偎著死亡的胸懷，皈依在死亡的懷抱。

Reading

中國人最易誤解的文史常識

郭燦金、張召鵬◎著　定價300元

因為沒有看過這本書，所以圪連總統、大學校長都會誤用成語！傳媒大力報導、老師熱情推薦的一本書。

本書適合公眾人物閱讀，它可以讓您在鏡頭前大方自信侃侃而談，不會有誤用成語、典故被抓包的情事發生；這本書適合老師閱讀，它可以讓您在課堂上引經據典萬無一失；這本書適合學生閱讀，它可以提升您的寫作能力；這本書適合公司主管閱讀，它可以幫助您更深更廣的看待問題；這本書適合一般人閱讀，它可以增進您的文史常識，讓您在人際對談中表現出修養與優雅，避免誤用而有失體面。

讀史論博弈

楊書銘◎編著　定價300元

以歷史人物為原料，解密中國歷史中的博弈之術。
不讀歷史博弈，不知人性善惡，不知人生進退。
用博弈的觀點來看歷史，更透徹地分析歷史，分析人性，進而從中汲取歷史的智慧和精華。
歷史學家說：讀史讓人明智，讀史讓人知興替。而用博弈論來解讀歷史，才能夠讓我們更好的瞭解歷史。透過博弈分析歷史可以使我們學到更多的人生和處事的智慧。
本書深入淺出地揭開歷史奧秘。在書裡讀者將發現，原本複雜的歷史事件是這樣的容易理解，並且會發現其中蘊藏許多道理和無窮趣味。

國家圖書館出版品預行編目資料

適應：是生存的唯一道路／石向前編著.
－－第一版－－臺北市：知青頻道出版；
紅螞蟻圖書發行，2008.10
面　　公分，－－(Focus；2)
ISBN 978-986-6643-35-4 (平裝)
1.生活指導　2.職場成功法　3.生存競爭　4.調適
177.2　　　　　　　　　　　　97016584

Focus 2

適應：是生存的唯一道路

編　　著／石向前
美術構成／魏淑萍
校　　對／周英嬌、楊安妮
發 行 人／賴秀珍
榮譽總監／張錦基
總 編 輯／何南輝
出　　版／知青頻道出版有限公司
發　　行／紅螞蟻圖書有限公司
地　　址／台北市內湖區舊宗路二段 121 巷 28 號 4F
網　　址／ www.e-redant.com
郵撥帳號／ 1604621-1　紅螞蟻圖書有限公司
電　　話／ (02)2795-3656 (代表號)
傳　　眞／ (02)2795-4100
登 記 證／局版北市業字第 796 號
數位閱聽／ www.onlinebook.com
港澳總經銷／和平圖書有限公司
地　　址／香港柴灣嘉業街 12 號百樂門大廈 17F
電　　話／ (852)2804-6687
新馬總經銷／諾文文化事業私人有限公司
新加坡／ TEL:(65)6462-6141　FAX:(65)6469-4043
馬來西亞／ TEL:(603)9179-6333　FAX:(603)9179-6060
法律顧問／許晏賓律師
印 刷 廠／鴻運彩色印刷有限公司
出版日期／ 2008 年 10 月　第一版第一刷

定價300元　港幣100元

ISBN 978-986-6643-35-4　　　　　　Printed in Taiwan